地域自治の行政法

地域と住民でつくる自治体法

東京都立大学名誉教授
兼子 仁 著

Administrative Law for Regional Autonomy

by Kaneko, Masashi

北樹出版

はじめに

少子高齢化と人口減で、社会保障と経済社会の存続が共に懸念されるような今の日本では、地方自治もやはり持たないのであろうか。

いや、今世紀初めからの分権改革をベースに、「地域」自治力が各地で有力に根づきはじめた今日においては、国策中心の経済社会改革を乗りこえて、各「地域」での創意工夫を真にリアルに生かせるようにする、法制と税財政の変革に進むことこそが望ましい、と筆者は専門の行政法学・自治体法学の見地から強く考えている。

安倍政権が強調してきた「地方創生」の国策も、地域自治力に着目はしているのだが、いぜん国の経済政策に根ざして地方版創生戦略を国家資金でサポートしていくという伝統的手法に頼っている。

そうした「地方」創生の国策では、特別法定の「特区」制ともども、真に各「地域」の自治力を有力に引き出すゆえんではなかろう。

実は、一九九九年分権改革の「地方自治法」改正で、「地域」の自主・自立性が一般法定されているわけで、それをふまえた〝地域自治〟を全国の各自治体で多制度に実現していくことこそが望ましく、そのためには法制上でも〝地域自治法〟としての〝自治体法〟づくりを強く目ざすべきだという考え方が、今こそ求められているはずなのである。

その自治体法・地域自治法らしい道筋は、自治体の内外にわたり、国に対する〝地域自治体〟の自治権の確立とともに、「住民協働」による内部自治の多制度づくりが並行していかなくてはならない（後者につき、筆者の岩波新書『変革期の地方自治法』二〇一二年初刷におけるV章「住民協働の実践例――住民訴訟と指定管理者制度」、参考）。

本書は、公立大学「行政法」教授のOBである筆者の行政法学・自治体法学的な最終所見を〝地域自治〟の実務界で広くお役に立たせていただこうとする一般的出版企画である。

自治体の議員・職員の皆さんをはじめ、各地の地域自治にかかわられる生活者および事業者の「住民」の方がた、さらに行政法・自治体法を勉強中の学生諸君に、それぞれのご興味に沿ってお読みいただけるならば、超高齢の筆者としてこれ以上の幸いはない。

なお、この出版企画に格別のご配慮を下さった北樹出版の木村哲也社長および古屋幾子編集役員に、厚く御礼を申し述べる次第である。

二〇一七年六月吉日

東京都立大学名誉教授

兼　子　　仁

●地域自治の行政法——地域と住民でつくる自治体法　目次●

〔本文中、法規条項の注記は、一条の二第一項二号を「一の二Ｉ②」のごとく略記する。〕

I

地方の自治から「地域」の自治へ

1 自治ことばとしての「地方」と「地域」

「地方」という語の時代性

地方自治ことばには、時代を反映したものが多い。その中で、古くからの「地方」という語はとりわけ要注意だろう。

江戸時代では、都会の町方に対する地方（じかた）は、しっかりした村落共同体ならば〝自ら（おのずから）治まる〟、などと言われていた。

明治国家になってからの中央集権制では、「地方」は東京「中央」の反対語となり、中央官庁の地方出先きには、官選知事と府県庁の本体部分が位置づけられた。

市町村は地方団体とも「自治体」ともよばれたが（明治二〇年「市制町村制理由」）、結局「官の監督」を受ける〝地方制度〟の枠内だった。

第二次大戦後の日本国憲法で「地方自治」が憲法保障されるにいたったわけだが、地方自治法（略称〝自治法〟）で、「地方公共団体の長」が「国の機関委任事務」を行なう限りでは国の地方出先きに当る、という伝統的しくみが長い間数多く残されていた（その法制には違憲の疑いも濃かった)。

その機関委任事務を全廃することができたのは、一九九九(平一一)年の「地方分権」一括法における自治法改正によってであって、ようやく〝自治体〟(「地方公共団体」の通称)の自治は〝自ら(みずから)治める〟ものとなったわけだ(拙著『新 地方自治法』岩波新書、一九九九年初刷二七頁以下、参考)。

「地域」が自治用語と一般法定された現在

ところが右と同時に、分権改正の自治法において、「地方公共団体の自主性及び自立性」が「地域」における行政について規定され(一の二I・II、一II)、「自治事務」は「地域の特性」に応じて処理すべきものと書かれるにいたっている(二XIII)。

ついで二〇一一(平二三)年の第一次一括法も「地域の自主性及び自立性を高めるための改革の推進を図るための……法律」と名づけられ(二〇一七年第七次一括法にいたる)、「地域自主自立改革」が公用語化した(拙著『変革期の地方自治法』岩波新書、二〇一二年、四頁以下、参考)。

かくして、これからの地方自治が各「地域」の自治であるという〝地域自治〟法制の原点はすでに一般法定されていると言えよう。

その「地域」とは、自然条件のもとで産業経済・政治行政・歴史・文化に特色をもつ人間社会の地理的単位で、そうした地域の主体性を重んじる〝地域主義〟が、地域社会学・地域経済学や郷土史学をはじめ環境科学や都市工学などの成果として、地方自治法制に今日的に反映したところと目されるのである（一九七九年・玉野井芳郎『地域主義の思想』農文協、を初めとして）。なお、特定目的の地方振興にかかる国策立法例で「地域」種別名を挙げたものはかねて少なくなかったわけだが（一九七〇年・過疎地域対策緊急措置法、八三年・高度技術工業集積地域開発促進法（テクノポリス法）、八七年・総合保養地域整備法（リゾート法）など）、「地域」の全般的法定が地域自治法の根拠となるのは明らかにそれらとは異なろう。

「地方」の新しい意味づけ方

ところがそれらと並んで、実は「地方」の語は近年改めて新たな公用例を示し出している。二〇一一（平二三）年の国地方協議組織法（略称）で、地方自治に関係する国策決定の際に、国と協議する地方六団体が代表する〝全国自治体・自治体全体〟が新たに「地方」と命名されている（一条）。

加えて、二〇〇六（平一八）年のいわゆる道州特区法が、北海道のほか三以上の連携都府県の区域をもって、大広域「地方」を予定している（後述）。

なるほど、そうした全国的ないし大広域の「地方」は、このあと述べる市町村の「広域連携」をふくむ中小の「地域」とは、役割分担しているであろう。

それに対しつぎのような「地方」法律用語例は、法制の実体を含めて大いに問題はらみだと言わなくてはなるまい。

国各省庁の出先きを「地方支分部局」とよぶのは当然だが（国家行政組織法九）、都道府県警察に管理職として国家公務員の「地方警務官」が居ることは（警察法五六Ⅰ）、自治体内における警察の異例さを示している。

さらに、都道府県と市町村という一般自治体をとくに「地方団体」と書く法律が、地方税財政の分野に存することは（地方税法一Ⅰ②、地方交付税法二②）、名は体を表わしており、のちに論ずるように、税財政自治法制にとって大きな問題にちがいなかろう。

なお、すでに「はじめに」でふれた、安倍政権が国助成によって地域自治を支援しようとする「地方創生」策は、名称問題をはらんでいるが、根拠法である二〇一四年「まち・ひと・しごと創生法」ではもっぱら「地域・地域社会・地域住民」を書いているのだ（一、二①②⑤。同年改正の「地域再生法」も同様）。

2 「地域」をつくる自治体と住民

「地方公共団体」の良い通称である〝自治体〟

改めて「地方公共団体」とは、「地方団体」よりはましでも、実は国に統治される「公共団体」の一種だという戦前語（団体よばわり）が現憲法下に残ったもので、すでに改憲案等にあっては「地方自治体」に変える意見が出されている。

もっとも、〝自治体〟という通称はがんらい必ずしも地方自治体の略語ではなく、明治二〇年の「市制町村制理由」書で市町村「自治体」と書かれていた古い革袋であって、それに憲法保障の〝ミニ国家〟である地方自治体という新しい酒を盛ることを意味する、と言うのが正しい。

すでに、〝自治体〟は、各種の「団体」とは異次元で地域自治を総合的に担う〝ミニ国家〟として、自治用語的にも重宝がられていよう。

しだいに述べていく、基礎・広域自治体をはじめ、自治体事務・行政や自治体住民・首長・議会が、地方事務・行政や地方住民・首長・議会に代る用語法が良く、今や〝地域自治〟の組織主体として、〝地域自治体〟や住民協働の〝住民自治体〟といった新造語にもつながろう。そしてとりわけ、自治体が責任をもつ「地域」の広狭・大中小が、〝地域自治〟の重要な種別につながることが、だいじだと言えよう（ちなみに、本間義人『地域再生の条件』岩波新書、二〇一三年第一一刷二〇三頁が「地域自治体」の語を記しており、注目される）。

〝地域自治体〟の地域規模による種別

かねて自治法上で、市区町村は「基礎的な地方公共団体」と書かれ（二Ⅲ、二八一の二Ⅱ）、それが今日では、公的にも〝基礎自治体〟と略記されている（二〇〇三年・二七次地方制度調査会答申いらい。早くから拙著『地方自治法』岩波新書・黄版、一九八四年、一八七頁が同旨）。

たしかに、市区町村の区域は、「広域」自治体である都道府県（二Ⅴ、二八一の二Ⅰ）に「包括」されるが、その分比較的に〝狭域〟で「住民に身近な」自治体として、住民生活に必須な〝基礎自治〟行政サービスを行なうので、市区町村こそが〝基礎自治体〟の名にふさわしく、〝広域自治体〟とは上下関係でなく対等なのである。

しかも、のちに取りあげるとおり、〝平成大合併〟後の市町村は、自治法に基づく「広域連携」によって、〝基礎自治〟固めと〝地域おこし〟とに励むという広域自治責任をも果しつつあるのだ。

他方で都道府県は、「広域」自治体としての〝広域自治〟責任で、大都市自治体への事務移譲と、市町村への「補完」事務分担をするとともに「道州」制問題につながりうる〝大広域〟連携にも併せて取りくむことが予想されている。

ところが、自治体が責任をもつ「地域」は、右のように自治体規模として大中小が存するほかに、それより小規模な範囲でも自治法上規定されている。

市町村内分権の「地域自治区」は、二〇〇四年の自治法改正で一般規定され（二〇二の四Ⅰ）、その任意設置の地域自治的意義が問われている。

さらに、市区町村内の住民協働に伝統的にかかわってきた町会・自治会などの「地縁団体」が共同活動するコミュニティ「地域」も書かれているのだ（自治法二六〇の二Ⅰ。Ⅴ章後述）。

さて、以上のような「地域」の大中小・極小を〝混乱〟と思うなかれ、それらは地域自治の複雑な役割分担を意味しており、〝地域自治法〟の多様な中身を示すのにほかならないのである。

自治体内の住民自治と「住民協働」原則

すでに見た現行の〝地域自治〟法制にあって、「地域の自主・自立性」は、自治体内における住民自治をも含意していると解される。

がんらい「住民」は、自治体に住所を持つ者と法定されてきたが（自治法一〇Ⅰ）、地域自治に協働する「地域住民」もすでに一般法定されている（前述の地域自主自立改革推進法（略称）三、まち・ひと・しごと創生法二②）。

また、各自治体の憲法として地域自治原則を書く「自治基本条例」にあっても、「住民主権・住民協働」の自治が原則だと書かれている（後出Ⅴ章1節）。

かくして「地域」は、地方自治の組織主体である自治体（地域自治体）と、協働住民（地域住民）とによって編成された、自治の主体的な場面にほかならない。

この点は、かねて国が国民・領土・国家権力から成るとされてきたのとは、異質であろう（自治体も形式的には住民・区域・公権力から成るのだが）。

ちなみに、民主党政権の二〇一〇年に閣議決定された戦略大綱で「地域主権」が打ち出され、それに批判的論議が盛んになった際、筆者は〝地域自治〟の強調語として賛意を示していた（前掲『変革期の地方自治法』四～五頁）。国民主権の転義としての「住民主権」と〝地域自治体〟観が合わされば〝地域主権〟も十分成り立つ自治体法用語だと論じたのだった。

それとともに、自治基本条例に書かれた「住民協働」は、「地方自治の本旨」に含まれた〝住民自治〟原理を超えて、具体的な〝住民協働自治〟の仕組みをも含意していることが、のちに詳しく論じられる（後出Ⅴ章の各節）。

そうした住民協働は、自治体内部自治に広くわたり、「住民主権」下における公選二元代表の首長と議会のあり方を含めて、今や地域自治を〝地域ガバナンス〟とよびうる〝地域協治〟の仕組みに仕立てていると言えるほどなのである。

そしてそれは、前述の〝地域自治体〟自治とともに、現行「地方自治法」の規定制度を超えた地域自治の動態を示し、今や逆に、地方自治法の抜本改正問題を提起しているのだと言えよう。

3 地方自治法を超える〝地域自治法〟

〝地域自治〟からみた「地方自治法」の問題性

第二次大戦直後の一九四七年五月に、日本国憲法の発効とともに施行された「地方自治法」は、たしかに憲法九二条に基づき「地方公共団体の組織及び運営に関する事項」を法定したものである。しかし、同時に、「地方自治の本旨」という憲法原理に「基いて」いる建て前であるので、憲法保障原理の法解釈によって、地方自治法制のあり方は時代的に変りうるはずだ。

二〇一七年は地方自治法の七〇周年に当るほどであって、本書で述べるような〝地域自治法〟らしい自治体法が、「地方自治の本旨」を歴史発展的に解釈した憲法保障原理にかかわる限りでは、今や地方自治法の抜本改正が憲法原理的にも求められてよいのではなかろうか。

それとともに、〝地域自治法〟は地方自治法制のあるべき未来形をも示す以上、地域自治体の自治立法「条例」をはじめとする地域自治の具体的動態に根ざす立法論としても、地方自治法の抜本改正を要請することになろう。

ところが周知のとおり、「地方自治法」（略称、自治法）は、自治体の組織と活動について全国一律原則で一四〇〇か条も沢山に定めてきている。

なるほど、一九九九年の平成分権改正で書き込まれた「地域」自治の原則（一の二、二Ⅱ・ⅩⅢ）をはじめ、「総則」条項が、自治体の基本種別や「事務」類型の限りでは肝要であり、中央省庁の「技術的助言」通知や国・自治体間の争訟、「自治紛争処理委員」制などの法定も必要であろう。

自治体内部自治に関しても、住民「直接請求」、「住民監査請求・住民訴訟」などの住民協働制度の法定はやはり必要的であり、また、首長・議員の「任期」四年制・兼職制限や議会の議決事項・首長との権限関係等、で全国一律を要する仕組みは存すると解される。

しかしたとえば、首長多選禁止条例にともなって問われた首長の継続就任年限となると、任期四年制とはちがって「住民協働」による地域自治の選択テーマに属すると解したい（後出Ⅴ章で詳論）。

この点、ひとたび国の法律で規定されると、自治法の条例でそれに反する仕組みを定められなくなるわけで（憲法九四、自治法一四Ⅰ）、現行自治法が全国一律を本質とする事柄をこえて実に多数の自治体事項を規定しているのは、〝自主条例による住民協働〟の地域自治を狭めてしまっていることを問題視しなくてはならない。

加えて、自治法規定が地域自治に因る〝一国多制度〟（後述）を妨げることは、地域自治法の発展的メリットを抑制しているのにほかならないのである。

実は、二〇一〇年民主党政権下の閣議決定「地域主権戦略大綱」において、「地方政府基本法の制定（地方自治法の抜本見直し）」が公にされたのだったが、交代した自民党政権による「憲法改正」方針となると、地方自治法の改正問題を飛びこしてしまっている（〝地方自治基本法〟問題については、前掲『変革期の地方自治法』三一頁以下、参考）。

かくして、地方自治法を抜本的に縮小する改正をとても期待しにくい現状にあっては、長期視点に立つ〝地域自治法〟のあるべき姿を法学的に追究しておくことが、筆者の最終任務であると思えるのである。

その場合に、地域自治法の特質に迫るのは〝自治体法学・地域自治法学〟の本務だが、憲法・行政法それに諸〝特殊法〟が自治体行政にかかわる面での既存法学の取組みがやはりベーシックに重要にちがいない。

その前に、現行実定法制における限定的特例である「特区」制について〝地域自治法〟論としての評価をしておきたい。

「特区」は地域限定特例の法定例

特別法律上の「特別区域」すなわち「特区」は、周知のとおり、国の行政認定を受けた地域限定で、申出自治体に対し法規制や課税の緩和特例が公認される仕組みである。

地方自治法をはじめ現行法律の規定によって地域自治が全国的に制約されている下で、国策立法に基づく「特区」はきわめて限定的に、自治体向けの緩和特例制を定めているもので、〝地域自治法〟らしい評価が問われてよかろう。「特区」法制の今世紀における動向が地方自治制の一端を成していることは事実なので、一べつしておかなくてはなるまい。

二〇〇二年小泉政権による「構造改革特区」（農家どぶろく特区等が有名）にはじまり、二〇一一年民主党政権下の東日本大震災にともなう「復興特区」をへて同年の「総合特区」へ、さらに二〇一三年安倍政権による「国家戦略特区」にいたる（〇六年「道州特区」は別として）。

右の「総合特区」のうち、「国際戦略特区」は都府県連携で外国人医師・留学生受入れ、「地域活性化特区」では介護施設への障害者雇用やＮＰＯ参入など。

今日に続く「国家戦略特区」にあっては、大規模圏域での国際経済成長インフラづくりや農業改革戦略として、大規模再開発、農業への企業参入等、外国人家事労働者（二〇一六年）、待機児童向け公園保育所（一五年から）、「民泊」条例地区（一六年から）、獣医学部新設（一七年）、などが政令指定されている（同特区法は二〇一六年に一部改正施行）。

こうしてみると、「特区」地域改革の実績はかなりのもののようだ。が、同時に国策推進策にほかならず、しかも広く普及する可能性が認められるとその〝全国展開〟として新規法制化されるといった点に鑑みると、むしろ現行法律の制約システムの現われと目されるので、〝地域自治法〟の見地からはさして評価できないと言わなければならない（「特区」は一国多制度の本来的な国家公認方式とは言えなかろう）。

Ⅱ

〝地域自治〟を法学的にどう捉えるか

1 憲法上の〝地域自治権〟保障

「地方自治の本旨」である〝地域自治権〟

憲法九四条によって、自治体の自治立法権・「条例」制定権と自治行政権・「行政執行」権とが明記されている。

今日の自治体憲法学では、これらは国に並ぶ自治体の〝地域統治権〟としての地域自治権の憲法保障であると解され、そこには〝自治体自治〟権と並んで、すでに述べられた〝住民自治〟権が含まれている。

ここでは自治体自治権の保障にまず光を当てると、自治体が〝ミニ国家〟とよべるような地域統治主体であることは、自主条例に一定限度で刑事「罰則」がつけられるところ（自治法一四Ⅲ）に表わされている。すなわち、自治体「議会」が住民公選で（憲法九三Ⅰ・Ⅱ）、その自治立法「条例」に「罰則」（七三⑥但書き）をつけることも罪刑法定主義（三一）に適合するとされる。

また、憲法保障された自治行政権には、〝自主課税権〟・課税自治権が含まれていると最高判

（平二五・三・二二）で公認されている（後述）。

さらに、平成「地方分権」改革において、地域自治権には国の法律の〝自主解釈権〟・法解釈自治権が含まれていることが公認されるにいたり、その裏付け論として、国会が代表する〝立法国家〟は自治体に優先するが（法律自体の拘束力）、法律の解釈適用にかかわる中央官庁の〝行政国家〟は自治体とは対等関係にあると一般に説かれている（省庁の解釈通知は「技術的助言」である）。

かくして今や、「地方自治の本旨」の憲法原理に含まれた〝地域自治権〟の保障は、自治立法・行財政・法解釈に広くわたって国家的にも公認されているのだ。

しかしそれだけに、地域自治による自治立法・行政執行を制約しようとする国の「法令」づくり、それへの適合性をめぐる法解釈問題も増える可能性がありうる。

さらに、後述するように、〝地域自治権〟の行使が進展するほどに、自治体側の〝一国多制度〟の状況が目立ってくると、国・中央省庁との間で地域自治権の政策的限度が問われうる。また、地域自治の多制度に、憲法一四条一項「平等原則」違反がないのかが、裁判上の憲法争点にもなりえよう。

2　〝地域自治法〟の行政法的位置づけ

各論行政法の新生面を成す〝地域行政法〟

国・自治体の行政に共通する一般「行政法」・一般行政法理（たとえば行政上の信頼保護原則）は、具体の適用状況はともかく地域自治の法制的特色にはかかわらない。

それに対して、〝地域自治体〟が「住民協働」で地域自治権を働かせる場面となると、そのコアは自治体行政法・〝地域行政法〟として、「各論行政法」の新生面を形づくるようだ。

たしかに、自治体行政の組織と活動が自治体の内外にわたって創り出す〝地域自治法〟は、後にまとめる〝自治体法〟として総合されるのが相応しいと思えるが、既存法学との関係での一骨子である〝地域行政法〟は、「各論行政法」だと捉えられるであろう。

国とちがう自治体行政法は、実定法的には地方自治法を一般法とし、地方税法・条例をはじめ、特別法を成す多くの自治体行政法令・条例によって定められている。

自治体の組織と「事務」に関する自治行政組織法（①）、および「住民協働」原則に立つ自治行政作用法の仕組み（②）は、「条例」をはじめ自治立法による各自治体の一国多制度的な選択をも結果して、その地域自治法制・〝地域行政法〟は「各論行政法」の新生面を成すのである。

右の①は、地域統治主体として数多い自治体をその役割分担的〝種別〟、それらの間の「連携」や権限行使関係など、②は、自治法の特別規定を動かす自治立法「条例」等による、住民協働自治の多制度であって、いずれものちのⅢ・Ⅳ・Ⅴ章で詳論する。

こうした地域自治法の「各論行政法」らしさからであろう、すでに諸大学法学部講義の行政法第二部として、「地方自治法」・〝自治体法〟といった科目名がセットされてきていることは、周知のとおりだ。

3　地域自治の〝一国多制度〟と行政学

行政学における「一国多制度」論

かねて日本の「行政学」にあっては、行政法学とはちがって政治学と連なりながら、連邦制に発する比較制度論として「一国多制度」が述語とされてきた。

たしかに、連邦憲法が州自治権を広く州憲法の定めに委ねている場合は、文字通りの「一国多制度」を主にしている（西尾勝『行政学　新版』有斐閣、二〇一三年初版二一刷五六～七頁、等）。つぎに、連邦制の下で各州法が州内の地方自治制度を多様に定めうるシステムを「一国多制度」とする行政学説がある（礒崎初仁・伊藤正次ほか『ホーンブック地方自治』北樹出版、二〇一一年改訂版二〇頁、今川晃ほか『市民のための地方自治入門』実務教育出版、二〇〇九年新訂版二七三頁、等）。

さらに、転義的だが、地方自治制度が全国画一的でない法制的特例主義で地域的特例を公認される場合を「一国多制度」的と称する行政学説も存する（金井利之『自治制度（行政学叢書3）』東京大学出版会、二〇〇七年初版二〇一頁）。

「一国多制度」という言葉は、行政法学ではほとんど用いられてこなかったのだが、右の第三行政学説となると、自治体行政法学・自治体法学における〝地域自治法〟論として活用に値いすると思われるのだ（すでに兼子「地域自治による〝一国多制度〟（一）」自治研究二〇一五年一〇月号五頁で、その旨を記していた）。

地域自治の成果を意味する〝一国多制度〟

そもそも、連邦制下の州権と似て単一国家で憲法保障された「地方自治」制にあっては、全国的視野ないし広域比較において多元的な法制度が公認されている場合、〝一国多制度〟と称するに値いするのではなかろうか。

もっとも、各自治体の〝地域自治〟制度の具体的な多様さは当然のことのはずだが、地域自治が発展してくると、〝一国多制度〟性が大いに目立つことになるわけだ（自治体間協定「連携」や自治体内自治の先端事例など）。

しかしその際、全国一律自治法制を良しとする立場からは否認されやすいところであって、〝一国多制度〟性が地域自治制として公認されることが肝要なのである。

とはいえその国家的承認の方式は、最高裁を主とする判例法的容認（規制「上のせ」条例の合法解釈など）、国会での法律的公認や内閣・各省庁による公認措置のほか、全国自治体組織や関係自治体間による了承や住民協働自治における承認など、〝地域慣習法〟的な公認もいろいろありうる。

そうした意味で、〝一国多制度〟は地域自治のテストパターンであるとともに、発展ステップの目安なのである。

いずれにしても、こうした〝一国多制度〟的公認によって地域自治成果が成り立つことは、まさに〝地域自治法〟の今日段階に見合うところであって、かつて地方自治制にも全国一律性を求めた第二次大戦前後の「挙国一致」主義を乗りこえる意味合いにちがいない。

4 多元的な地域自治を支える諸〝特殊法〟

行政分野ごとの多制度は各〝特殊法〟

自治体職員の方がたは定期人事異動の際に、新任職務にかかわる〝行政法規〟を急いでマスターする必要がある。その場合、関係法規の中身が多く変ることになるのは、筆者の法学的見地によれば、「行政法」とは別の各〝特殊法〟に接したからなのである（全部で四五の諸〝特殊法〟が存していると認められる。拙著『行政法学』岩波書店、一九九七年初刷、オンデマンド出版中、第三編三〇九〜一〇頁、参考）。

自治体行政の各分野をめぐる〝特殊法〟は、筆者の見立てではつぎの三二に及ぶ。

総務関係――――特殊法

情報管理……情報法
税財務……税法・財政法
公職選挙……選挙法
外国人処遇……外事法

住民生活保障

公営住宅……住宅法
上下水道……供給事業法
道路交通……交通法
学校・教育委……教育法・子ども法・スポーツ法
保健福祉……社会保障法・医事法・衛生法
消費者保護……消費者法
労働者保護……労働法
宗教法人行政……宗教法
余暇・観光……余暇法

地域づくり

環境保全……環境法・防災法
資源活用……土地法・水法
都市開発……都市法・開発法
文化財保護……文化法
風俗環境行政……風俗法

産業・商工行政

中小企業保護……経済法・知的財産法
第一次産業保護……農業法・水産法
その他……不動産業法・金融法

もっとも、行政分野ごとの〝特殊法〟の多制度は、国の所管省庁のそれとつながるところで、地域自治行政にあっても、前述の「各論行政法」的な自主性を別にすると、むしろ自治体内で関連ある部課係間の協議・協力テーマとして肝要であろう（保健〝医事法・衛生法〟や道路〝交通法〟など）。その特殊多制度性は、行政分野間のそれで一国多制度とはちがう。

そこで、それら各〝特殊法〟の研究は、全国にわたる各〝特殊法学会〟の任務だが、〝特殊法学〟の不均等発展から、最先端の地域自治行政をめぐっては、職員と有意の研究者・実務家との共同研究が、実務研修的意味合いを強くしていよう。のちに詳述する「政策法務」課題にも連なっている。

地域自治法を成す三二の〝自治体特殊法〟

改めて、〝特殊法〟の中に実は、地域自治行政の〝一国多制度〟性が含まれており、各自治体でその地域多制度づくりに取り組むことになっている部面が、前記三二の〝自治体特殊法〟には少なくない。

たとえば、後述する空き家対策条例にかかわる「環境法」や、保育園選考をめぐる「社会保障法」（社会福祉法）、などがそれで、その〝特殊法〟性が各自治体の地域自治多制度により多く現われる。

そうした〝地域自治特殊法〟の部面は、自治体特殊法の中でもまさに〝地域自治法〟らしさを如実に示していよう。

むしろその意味合いは、以上分説してきた〝地域自治法〟の法学的内訳を総合して〝地域自治法〟ないし〝自治体法〟を捉えるとき、〝地域自治特殊法〟の実例が多くその実相を表わしているということになろう。

そこで、〝自治体法学〟と総称されうる〝地域自治法学〟にとって、〝自治体特殊法学〟とよべるものの役割がかなり大であることを、ここで一般的に確認しておく必要がある。

Ⅲ

〝地域自治体〟の一国多制度な展開

1 「基礎」自治体とその「広域連携」

市町村の〝基礎自治〟行政サービス

これ自体は自治体内部の話だが、少なからず広域連携につながるので、ここで略述しよう。市区町村が〝基礎自治〟に任ずるのは、すでに述べたとおり住民に身近な「基礎自治体」として、住民生活に日常的に必須な行政サービスを行なうのにほかならない。

生活者住民に対するサービス行政のメニューは、法律・条例の定めに基づいて整理できるが（前掲『変革期の地方自治法』四四頁）、目立つ多制度の現実はつぎのごとくである。

①　住民記録サービスとして、住基法（略称）に基づく世帯別「住民票」が基本にちがいないが、この住所単一制に先き頃特例が生じている。

家庭内ＤＶから逃げ出した学童の転校先で、住民票なしの「学齢簿」登載を認めているのは今や普通で、むしろ多制度とは言えまい（ＤＶ加害の親からの個人情報開示請求に関係自治体が「存否応答拒否」をすることを含めて）。

それに対し、二〇一一年の原発災害避難住民事務特例法（略称、後述）が、転出の住所移転者でない「避難住民」への避難先自治体での行政サービスを規定したのは、法定の住所＝制度に当る。

加えて法定外に生じた〝ふるさと納税〟者に「ふるさと住民票」を発行する仕組みは、まさに地域自治の多制度にほかならない（朝日新聞二〇一五年八月二一日記事）。

② 法定外の条例・要綱に基づく生活助成金に、市区町村によって差が大きい費目がある。福祉諸手当の実態はきわめて多様と知られていたが、子育て支援にかかわる乳幼児医療費助成条例で、0歳からの対象年齢幅と金額差が問題視されている（朝日二〇一四年一〇月二七日記事）。

③ 「公の施設」の自治運営の多制度は（指定管理や一部業務委託を含めて）、利用者住民の日常生活条件を成している。

乳幼児・高齢者・障害者の福祉諸施設の問題実態はいろいろで、とりわけ負担費用の滞納住民に利用拒否できるかは、大きな制度問題になる（後述）。学校給食費の滞納家庭児に給食停止をするとしたら、それは切実な先端事例のようだ（朝日二〇一五年七月四日記事。全般的に後述にゆずる）。

ちなみに、ごみ焼却場の設営にあっては、配置場所えらびが大きな地域課題なのは公知のところだろう。

④　地域防災への要求が大きい今日、わけても災害時ないし地域見守り要援護者の名簿取扱いが、個人情報保護の多制度化を目立たせている。

二〇一三年の災害対策基本法改正で「避難行動要支援者名簿」づくりが市町村長に義務づけられたが、既存条例との間で多制度のままであり、とくに災害時要援護者名簿取扱いを根拠づける震災対策条例（二〇〇六年渋谷区）のほか、個人情報保護条例に基づく審議会承認、本人同意制による地域見守り要援護者名簿づくり（二〇一一年中野区「地域支えあい活動の推進に関する条例」における、不同意者だけを除くオプトアウト方式を含めて）など、および名簿の提供先の定め方（消防、民生委員、自主防災組織その他）が分れている。

⑤　街づくり行政の多制度も、住民生活環境にかかわりが広い。

道路計画や景観保全もさりながら、今日的にクローズアップされているのは〝空き家対策〟だろう。

二〇一四年空家対策特別措置法（略称。空家法）下にあっても、条例に基づく持ち主調査、適正管理の指導・命令、解体代執行などが、仕組みの多様さを目立たせている（のちにⅣ章で後述）。

市町村の事業者向け行政について

市区町村の〝基礎自治〟には、事業者住民の事業基盤を整備する行政が含まれる。

第一に、地域事業「規制」の多くは都道府県の法定権限であり、市町村の所管は、住民生活行政の半面における事業者規制が少なくない。

そこでの多制度が地域事業者に大きく影響するのは、福祉参入事業、市街地再開発、景観計画執行、消防立入検査などであろう。

しかも事業規制が多制度になるのには、のちに詳しく見る「住民協働」参画が大いにかかわっている。

第二に、施設「指定管理」や行政業務受託にあっては、その選定・指導手続の多制度が関係事業活動を左右する（後述）。

また、現行の地方税制には地域差が少ないのだが、固定資産税の評価・徴収に自治裁量範囲がある限り、これが事業活動条件を成す。

市町村が励むべき「広域連携」

いわゆる〝平成大合併〟の国策は、合併三法の二〇〇四年に三一三二だった市町村数を二〇一〇年三月には一七二七に減らし（市は六八九から七八六に増加）、区切りとされた。それとともに、なお行財政小規模の所は「周辺市町村間での広域連携」に励むことが、公的に望まれたのであった（二〇〇九年・二九次地制調答申）。

そのように、基礎自治体・市町村の地域自治の拡充を「広域連携」に期待するのは矛盾だと思われるかもしれない。

しかし、かねて「広域連携」は自治法に規定されており、大合併後になお人口一万人未満の町村が四五〇余も存するため、基礎自治づくりをいろいろな「広域連携」に期することは、〝地域自治法〟に適うところと解してよいであろう。現に比較法制的には、フランスで三万数千もある小人口のコミューンが〝コミューン共同体〟の連合行政で基礎自治を成り立たせている先例が公知なのである。

しかも、近隣連携市町村が「地域特性」を生かしながら「役割分担」して、広域的に共同して基礎自治の責任を果していけるとすれば、そこにおのずから一国多制度の地域自治が示されていくことにもなり、それはむしろ素晴らしいことではないか。

ただし、よく市町村広域連携の実体を分析すると、その地域自治〝機能〟は二種類に大別されうるようだ。

第一種は、近隣市町村が協力し合って住民サービス行政の〝基礎自治〟の共同責任体制を固めるというパターンである。

ここにも、中心市と過疎町村などとの役割分担を含む場合（後述する都市自治体中心の連携）がありうるが、何よりも、前述した住民サービス行政の量質を広域的に共同して保証するように努め、財政支援を含めなるべく都道府県の「補完」に頼らない姿勢がだいじだろう。

連携共同事務となるのは、特養・障害者施設・総合病院等の専門施設の設営や専門職研修等による職員人材養成、し尿・ごみ処理、徴税強化、さらには福祉事務所の町村共同設置などがある。

市町村連携の第二種は、過疎を含む〝地域おこし〟であって、そこには地域役割のちがいに応じた多制度の編成が目立つ。

二〇〇八年に公けにされた「定住自立圏」では、宣言した「中心市」と近接市町村が福祉・保健・土地利用・産業振興行政で多様な協働計画を樹て、人口流出を防止しようとする。

他方、過疎地域おこしを目ざす役割分担的な広域連携は、支援市町村が職員派遣のほか農山村グリーンツーリズム勧奨に努めることが、水源地農山村の自然環境保全の広域連帯を意味するといった双務性を示している。

さらに〝里まち連携〟にあっては、里山町村と小売商店街の空洞化に悩む都市が遠隔連帯して、都市での産直・アンテナショップと農山村における市民交流居住とが、人的およびＩＣＴ交流を多様に展開させる。

市町村の広域連携の組織えらび

市町村が連携する行政業務内容の多様な仕組みは上記のごとくだが、実はそれには、第一に自治法上の「規約」に基づく連携組織えらびがつながっている。

① 古くからの共同法人づくりである「一部事務組合」（自治法二八四Ⅱ）が、消防救急・徴税・ごみ処理をはじめ火葬場・し尿処理や職員研修などの「広域市町村圏」事業に任じた複合事務組合（二八五）となっていたのは、いわば全国展開だった。その後の、介護保険組合などには、分布の多様性が見られる。

② 「広域連合」（二〇〇四年新設、二八四Ⅲ）は、総合的な広域計画に立つもので（二九一の

七)、その管理組織編成も多様になりうるのだが(二九一の五に基づく議員・長の直接選挙制は採択されていない)、市町村連合の多制度活用はこれからである。

後期高齢者医療広域連合は二〇〇八年の法定例で、彩の国さいたま人づくり広域連合(一九九九年)は、県と市町村との職員研修・人事交流目的のスクランブル連合の特例だ。

③「協議会」(二五二の二の二)は、法人でない総合的な事務処理をも可能にし、かねて防災・下水道・医療・福祉・教育・研修・宝くじなどで多制度に設けられてきた。

そのほかの仕組みとして、「機関の共同設置」(二五二の七)、「事務の委託」(二五二の一四)や「職員の派遣」(二五二の一七)が多用されてきたのに加えて、二〇一四年改正による「事務の代替執行」(二五二の一六の二)が、受託自治体が委託自治体の「名において管理執行する」仕組みとして登場している。

さらにこれらの「規約」に基づく連携組織づくりのほかに、機能的連携例として挙げた「定住自立圏」や〝里まち連携〟その他災害時相互援助協定などにあっては、非法定の自治体間契約である任意「協定」が多様にその根拠になってきている。

④ 三〇次地制調答申に発して、従来の「規約」よりも「弾力的な制度」を新設するものとして二〇一四年自治法改正に盛り込まれた「連携協約」では、自治体間連携の「基本的な方針

及び役割分担をも定める」ものと規定されている（二五二の二Ⅰ）。

この「連携協約」に予定された仕組みは、柔軟・機動的で非定型だとされ、市町村まちづくりの方向性や役割・費用分担などが定められるという。

すでに、連携中枢都市圏づくり（後述）、県・市町村合同連携や、共同病院設立協約の例が生じている。

しかし、議会議決に基づく協議によるものとされ（二五二の二Ⅲ）、市町村「協約」に関しては府県知事の勧告制や「自治紛争処理委員」関与までが法定されている（同上Ⅴ・Ⅶ）。

たしかに「連携協約」の法定は、近時の機能的な市町村広域連携に仕組み根拠を追加したことになり、自治体連携の進展を象徴していようが、地域自治体間の多制度な連携にすべて国の法律上の根拠が要るという考え方は疑問である。

憲法保障されている自治体による地域自治権の共同行使は、法定「規約」等の場合以外は、がんらい法定外の契約「協定」でも合法なのだと解釈される。

〝地域自治法〟としては、「連携協約」の法律規定は強行法規ではなく、任意「協定」とは選択関係にあることがのぞましい（もっとも連携組合法人づくりに当っては、がんらい議会議決による「規約」が必要である）。

2 都市自治体の行政法的位置づけ

地域おこしの拠点となるべき都市自治体

二〇一四年五月の自治法改正において、つぎに述べる「指定都市・中核市」の大都市制が改革され、それを裏づけた三〇次地制調答申（一三年六月）において、それらの「大都市」自治体は三大都市圏にあっても、「地方中枢拠点都市」たるべきものと記されたのだった。

それに対し右圏外の一般都市自治体に関しては、早く総務省要綱通知（二〇〇八年）に基づく「定住自立圏」の「中心市」宣言と近接市町村との圏域づくりが公的に期待された（前述）。加えて前記一四年改正法上の「連携協約」に依るべきとされた「連携中枢都市圏」づくりが、同年の総務省要綱に示され、そこでは〝広域保育〟をはじめ、障害児療育施設や総合病院の共用、子育て支援や地域包括ケアの協働など、公的助成の対象と予定された圏域づくりが多様に全国展開している（村上仰志「連携中枢都市圏の取組状況等について」地方自治二〇一七年五月号、参考）。

コンパクト・ネットワークシティが地域おこしの多制度的な連携拠点と期待されるのは、グローバル時代の今日、都市自治体の地域自治力の特長でもあろう（中心市街地活性化法と都市再生法の二〇一四年改正が関連している）。しかもそれは、前述した農山村の過疎地域おこしにつながり、遠隔地交流の〝里まち連携〟というパターンをも生じている。

こうした市町村〝基礎自治〟連携を重んじつつ、このあとは、大都市自治体の〝都市自治〟の広域化にかかわる動きを見ていくことにしたい。これらは併せて、都市化時代の地域自治法の象徴にちがいないであろう。

二〇に増えた「指定都市」のあり方

自治法一二章は「大都市に関する特例」とされ、そこに「指定都市」および二〇一四年改正による新「中核市」（「特例市」の吸収統合）が規定されている。

「指定都市」（二五二の一九Ⅰ）は、マスコミ用語的には〝政令指定都市〟ないし〝政令市〟とよく書かれるが、自治法上正確には、政令で指定される特例大都市たる「市」すなわち〝政令指定市〟に、「指定都市」と新「中核市」（二五二の二二Ⅰ）とが当っているのだ。

このあとここではまず、政令指定市の第一類型である「指定都市」が二〇に増えて多種になっていることから論じよう。

道府県から八割方の行政事務移管を受ける「指定都市」は、一九五六年発足時は戦前いらいの五大市だったが、六三年「北九州市」が人口百万都市として追加されてから、七・八・九〇年代に札幌・川崎・福岡、広島、仙台、千葉、さいたま市と諸地方に広がり、二〇〇一年から七〇万人口要件になって、周辺合併が目立った静岡、堺、新潟、浜松、岡山、相模原、熊本市が参入した。

これら二〇の「指定都市」は、その内外にわたる組織・権限・地域役割が多制度になり、地域自治法の重要場面を成している。

とりわけ指定都市の地域役割が多種別になったことが、注目される。

北九州・川崎・岡山市が大規模工業都市、札幌・仙台・広島・福岡市は地方中枢都市性、堺・千葉・さいたま・相模原市は大衛星都市性を示し、さらに静岡・新潟・浜松・熊本市が自然観光資源豊かな田園都市型を象徴している、と言えるのではないだろうか。

もっとも多制度は、道府県から大量に事務・財源移譲を受ける協議の手続にも見られ、一四年改正自治法によって、二重行政を減らす「指定都市都道府県調整会議」の新設（二五二の二一の二Ⅰ）等にそれが表わされていよう。

さらに、指定都市内分権の多制度問題も留意され、行政「区」を「総合区」に格上げできることが、一四年法改正で定められている（二五二の二〇の二Ⅰ〜Ⅺ）。

条例に基づく「総合区」には、議会同意により市長が選任する特別職の「総合区長」が置かれ、これが区を代表する権限は、法定の所属職員任免権や、「まちづくり」事務・福祉保健サービス・予算意見具申権のほか、条例に基づく事務にわたる。

もっともすでに多くの指定都市では、法定の区「地域協議会」や区民会議条例その他の区民参加会議を設ける多様な動きが存していた。

かねて「指定都市」の例では、二重行政の解消を目ざして道府県区域からの独立を構想する傾きがあった。指定都市市長会が二〇一〇年に「特別自治市」制を提案したのがそれだ。

これは、一九五六年改正で廃止された旧「特別市」規定を復活させるに等しく、検討を要する難題をはらんでいる。

第一に、〝特別自治市〟が道府県から独立した一層自治体になることは（基礎自治体が広域自治体を兼ねる）異例制度の公認であり、必須的に道府県の〝空洞化〟から後述する「道州」制につながるようだと、道州からの独立も問われよう。

第二に、それと同時に独立「指定都市」の地域的役割の如何が問題であって、道府県内の近隣市町村との連携がうまくいくのかについては、現在の「指定都市」にすでに求められている地域中枢拠点としての役割が試金石になっているであろう。

このように、〝特別自治市〟独立論は、地域自治法における難問の一つと考えられる。

新「中核市」をめぐる問題

一九九四年自治法改正に基づき人口三〇万以上の政令指定市だった「中核市」は、「指定都市」の六割方の行政を担う大都市自治体として、必置の保健所に関する保健衛生監督、身障手帳交付、特養老人ホーム認可、屋外広告物制限などの移管行政を行なっていた（四三市）。加えて、九九年改正により人口二〇万以上の「特例市」が、区画整理組合・宅造許可や駐車場監督など都市行政面を担当する政令指定市だった（四〇市）。

ところが近時、先述した一括法、および後述する「事務処理特例」府県条例に基づく一般市あての府県事務移譲が数多くなる大勢下に、政令指定大都市を強化する立法政策が生じた。三〇次地制調答申に発した二〇一四年法改正で、「指定都市」改革に加え、人口二〇万要件で「特例市」を吸収する新「中核市」を登場させたのがそれである（二五二の二二I）。

改正施行時の特例市が新「中核市」に移行するプロセスにも問題がある。改正施行時の二〇一五年度から五年間は人口二〇万未満の特別市でも「中核市」指定が受けられるが（附則三）、そうでない特例市も前記事務を続けられ府県に戻す必要はないのだが、「中核市」になるためには保健所等の都道府県行政に属していた財源を負担する必要をクリアーしなければならない（二〇一五年中に一般市から都内初の中核市に移行した八王子市のプロセスが目立った）。

「特別区」はどうなるべきか

現行の自治法上、東京二三区の「特別区」は、いぜん「特別地方公共団体」（第三編）に位置づけられてはいるが、すでに一九九八年改正によって、特別区は「基礎的な地方公共団体」（基礎自治体）だと明記されており（二八一の二Ⅱ）、広域自治体である東京「都」（同上Ⅰ）と対等関係に立つ。

ただし、一般市とちがう特例として、消防・救急や上下水道は都が行ない、固定資産税等の三税が都税とされ「特別区財政調整交付金」（自治法二八二）が各区に配布されている（後述）。

そこへもってきて、いわゆる〝大阪都〟構想にかかわる「大都市地域特別区設置法」（略称）が二〇一二年に制定され、市を廃止して特別区を設ける手続の法律規定ができ、「都・特別区」制を大阪府・市に準用しようとする多制度的状況が生じてきた。

〝大阪都〟構想は一五年五月の大阪市住民投票では否決されたのだが、かねて存していた「都・特別区」制自体の改革問題に改めて強い光が当る次第となっている。

すなわち、「都・特別区」の他地域への適用よりも、東京二三区の大都市自治体としての地域自治的改革が問われている。

特別区サイドでは、各区の一般市ないし特別な市への移行をベースに、広域行政の連携処理等のために〝基礎自治体連合〟の構想を打ち出してきている（二〇〇五年特別区制度調査会報告など）。

もっとも、東京二三区の大都市地域自治を長期展望するとなると、都内市町村地域のそれと深くかかわるほか、のちに論じていく大広域自治・連携としての道州制ともつながる、首都州・東京州のあり方問題が立ちはだかろう。

現に、東京都の側では、かねて首都の大都市経営を一体的に行なうという立場から、二三区全体を旧「東京市」に戻すような首都制度改革案を提示してきている（二〇〇七年東京自治制度懇談会報告書など）。

とはいえ、特別区には「中核市」をこえる大人口自治体も少なくないので、〝東京市〟方式にはその内部自治制を強く問わなければならないことが明らかだろう。

3 「広域」自治体とその〝大広域連携〟

府県による〝広域自治〟のはたらき

市町村の基礎自治行政よりも、都道府県の広域行政の方が地域差が大きいようだ。府県域をこえる〝大広域〟行政については後述するとして、府県内の〝広域自治〟にも地域的な多制度状況がありうる。

もっとも、広域自治体である都道府県「広域事務」(自治法二V)の大項目はほぼ一定しており、大規模公共施設、自然資源保護、文化財保護、広域防災、警察、事業免許、労働関係調整、産廃監督など。その多制度は、各府県の広域行政基準の定め方のほか、前述した大都市その他の市町村との事務配分関係に多分にかかわる。後述する市町村自治に対する「補完」事務のありようも付帯している。

さらには、各都道府県の日本列島内における位置づけが、のちに論ずる大広域自治ともどもベースになるのは当然であろう。

自治法に基づく「事務処理特例」条例（二五二の一七の二Ⅰ）とは、市町村への府県事務の移譲を定める府県条例のことで、市町村との協議（同上Ⅱ）の結果が多制度状況になっている。屋外広告物制限や宅造・農転許可といった法定の府県事務が、一部の市・町にだけ移されている。

法定外の事務については、まずは広域自治と基礎自治の区分が協議テーマになりうるはずなので、条例で府県事務と決めて市町村移譲するという「事務処理特例」方式を多用するのが良いとは断言できまい。

つぎに、市町村に対し府県条例が「基準」として拘束する仕組みが法定されている場合というのが、先頃の地域自主自立改革一括法による法令義務付けの緩和策によってむしろ増えている。

かねての法令基準が府県条例に委任される方式が、新たな多制度例を成しつつある。市町村にとって「従うべき基準」である府県条例の地域差と「標準・参考」条例の下で市町村行政が多様化する場合とがある。

二〇一一年の第一次一括法が定めた府県条例による拘束基準の最たる例は、保育園と養護老人ホームの職員数・室面積であって、ただし待機児童対策として特定大都市の保育園についは「標準」基準の特例が法認されるといった状況である（第一次・第二次一括法の概略につき、

前掲『変革期の地方自治法』八頁・六七～九頁、参考)。

広域自治体である都道府県には、小規模市町村の基礎自治行政の不備を補う「補完」事務が、かねて自治法上予定されていた(二Ⅴ)。法定の「補完」制として公知なのが、生活保護を含む「福祉事務所」の任意設置を果さない町村部では都道府県が同事務所を義務設置することによる(社会福祉法一四Ⅰ・Ⅱ)、生活保護法制の一国二制度だろう。

それに対し法定外の「補完」となると、前述した市町村の広域連携の実績との関係が重要テーマになる。

大変にちがいない過疎町村の地域おこし市町村連携と、道府県による「補完」的支援とが選択肢ではあるが、地域自治法の見地からは、基礎自治体連携こそが基本で、財政援助を含め府県の垂直「補完」に頼るのは極小であるべきではないか。ところが、町村の地域おこし連携を県が〝支援〟する方式が現実的のようで、それには税財政問題が深くかかわっていよう。

さらに現在の国策としては、前述した府県による町村事務の「代替執行」(二〇一四年法改正)の仕組みに逆に象徴されているようだ。

府県が町村の名での代替事務執行を引き受けるというのは、垂直「補完」を戒めるかの様式だが、それだけ対等自治体間における異例性を示しており、やはり地域自治法的には多用になじまないところと考えられるのである。

都道府県の〝大広域〟自治・連携の多制度

都道府県という「広域自治体」の広域性は、市町村〝基礎自治〟とコミットする内部的〝広域自治〟の多制度を示すのと並んで、今日ますます、対外的な〝大広域〟自治・連携への展開をも生じつつある。それは後述するように「道州」制度問題と接しており、道州をめぐる多制度的プロセスをも意味している。

① 都府県の〝大広域〟連携・自治の第一として、「府県合併」がありうる。

都道府県の合併はかねて個別法律によるところとされていたが（自治法六Ⅰ）、二〇〇四年改正で、議会議決と国会承認に基づく内閣決定を得る申請合併もできるようになっている（六の二Ⅰ・Ⅱ）。

もとより府県合併は、明治期いらいの府県区域が〝大広域自治〟の「地方」的必要に沿わないと自覚された場合にほかならない。

かねてあった北東北三県の合併問題は、東日本大震災の被災県とのかかわりで変動していようが、〝大広域〟府県合併は地方圏によっては今後のテーマたりえよう。

ただしそこには、新府県庁の所在地選びや指定都市との関係変化の問題があるほか、合併が三以上の府県にわたると、道州制特区の選択肢も生ずる（後述）。

② 府県「広域連合」は、合併につぐ大広域自治法人づくりで、規約に基づくその「広域計画」には、大広域自治の地域色が出るにちがいない。

二〇一〇年からの「関西広域連合」が初顔と知られ、当初七府県で構成、連合議会の議決をへた広域計画で、防災、観光・文化振興、クラスター産業振興、医療、温室ガス削減策、試験・免許、職員研修等の七分野が予定された（東日本大震災被災県へのペアリング支援の分担を実行している）。関西広域連合には二〇一五年に奈良県が参加し、八府県・四指定都市の編成に拡充されている。

府県広域連合には国出先行政の移管が受けられるとかねて法定されており（自治法二九一の二Ⅳ）、直轄国道・河川管理、医療法人監督等の国行政の移管を関西連合は要請してきている。

③ 「道州」の特区または地方ブロック別設置という進路も、都道府県の大広域連携・自治にとって〝一国多制度プロセス〟としてありうる。

北海道地方はすでに、前述の道州特区法に基づいて「道州制特区」に指定される〝大広域自治〟を示しているようだが、国出先行政の移管は未了である。

また沖縄県にあっても、経済特区をベースに〝沖縄自治州〟構想が生じている。

三つ以上の合併府県が道州制特区の政令指定を求めていけることは、前述した。

その他の諸「地方」にあっても、大広域連携の結果として、「道州」設置の特別立法を要望する動向もありえないではなかろう、その場合、すでに知られている「道州制区割り案」は一つの目安にすぎず、多制度プロセスが現段階でそれに全く拘束されることはない。

むしろそうした中で、東京都等の大広域的位置づけが困難なテーマを成している。

かねて一都三県による〝首都圏広域連合〟案も浮上していたが、その〝首都州・東京州〟化にあっては、前述した二三特別区の将来像が密接しているにちがいない。

「道州制」問題をどう捉えるか

いわゆる「道州制」が、その区割り計画に即して特別立法によって一斉設置されることは、関係省庁の「地方支分部局」を吸収全廃するという国家変革を意味する大事にほかならない。

しかし、右に述べた都道府県の〝大広域自治・連携〟に向う今日、「道州制」の全国一斉立法化の見通しは立ちにくく、むしろ〝道州をめぐる一国多制度プロセス〟が予想されえよう。

日本列島はタテ長で国際地理環境の多元さが目立つので、そうした地方ブロック別の大広域自治・連携の多制度にむしろなじみやすいように思われる。

かねて自由民主党筋の国策案だった「道州制」に関しては、賛否両論が生ずるなか、法定の道州制国民会議の討議にゆだねようという「道州制推進基本法案（骨子案）」が創られている。

仮にその立法下になっても、当面は道州制をめぐる多制度プロセスが、進行するのであろう。その状況こそが、「道州制」そのものの社会的検討にとってもかなりふさわしいのではなかろうか。

ここで参考までに、「道州制」に関する大項目の論争点を整理してみると、つぎのごとくである。

ⓐ 東京一極集中に対抗する経済自立主体となる地方圏づくりの必要性

ⓑ 地方分権改革としての国出先行政の移管の必要と困難

ⓒ 「道州」の新設と都道府県の廃止がはらむ憲法問題

ⓓ 並行する「基礎自治体」拡充のために市町村合併国策が再び打ち出されるのかといった問題

ⓔ 大広域「道州」における住民協働の至難性

以下に、地域自治法の見地に立つ各論争点へのコメントを略述しておきたい。順不同ながらⓒの憲法問題から入ると、かつては現行の都道府県を廃止することは憲法違反だという学説が公法学界で有力で、筆者もそれに賛同していた。

しかし今日では、基礎自治体・市町村の憲法保障以外の「地方公共団体」は多元的たりうるという解釈の方が、一国多制度の〝地域自治法〟の見地に沿うわけで、首長・議会の公選二元代表制（憲法九三）を充たす住民自治の独立自治体ならば、大広域の「道州」制も合憲たりうると解される。

つぎに、ⓔの〝大広域〟道州における「住民協働」自治はたしかに至難にちがいない。だがV章で論ずるように、住民協働にも多制度があり、住民投票の大変さは道州選挙に類しているが、国政選挙や憲法改正国民投票と比べれば、大広域にあっても住民への情報提供に根ざす協働結果はそれなりに期待されうるであろう。

ⓓの市町村合併への懸念が、全国町村会の道州制反対の理由である事実は公知のところだ。しかし、すでに論じた市町村「広域連携」による〝基礎自治〟固めこそが必然なのであって、道州制が新合併国策を必須とするわけでは決してない。

ⓐの東京一極集中に抗する各地方圏での経済自立主体づくりは質的に、政治・経済・社会的

な政策論議が広く為されてよいテーマであって、国地方協議組織における討議が、地方六団体の意見調整を含めて期待される。

この本での筆者の所見は、都道府県の大広域自治・連携の〝多制度プロセス〟こそが、その地域政策的検討の場だということである。ただし地方経済体制は自治体だけで創れるものではなく、三セクのほか、後述する地域事業者の協働に俟つべきところにちがいない。

残されたⓑについては、国の関係官庁の地方出先機関を全廃できるのは、道州制の全国配置という最終段階においてのみ達せられるところで、それまでの一国多制度プロセスのうちは国地方出先きの部分廃止が実験的に進むことでやむをえないのである。

なお、「道州」設置に際しては、〝州都〟（州庁）の所在地選びが、道州地方の範囲と州内格差とにかんがみつつ為される。

それとともに、旧府県ごとの「道州支所」（市庁）の位置づけも肝要だ。明治いらいの〝府県民〟意識にかかわる社会システムである、地方マスコミ・地方金融機関・高校野球大会・国体などにかんがみるときには、府県ごとの道州「支所」の地域自治的役割を再評価すべきであろう。

Ⅳ

〝地域自治権〟の多制度な拡充と「政策法務」

1 自治体の政策的裁量権・自主解釈権と「政策法務」

地域政策を自治立法・行政・争訟に生かす

たとえば、のちに詳論する空き家問題については、自治体の政治行政方針として、その住環境公害対策をいかに計画・実施するか、条例づくり、強制措置・費用負担、地域資源的活用法など、が切実に問われる。

そのように地域自治にあっては、公選首長の公約方針をふまえた自治体の〝地域政策〟を自治立法・行政執行・争訟対応に貫かせるという傾向があろう。そして首長部局の行政各課は、まさに政策の具体化を任務とする。

ところがかねて、「条例」立案をはじめ、行政措置決定、ついで争訟対策において、行政原課は、少なくともそれらの合法性の確保に関して、法務担当に相談・協議しなければならなかった。

その際、法技術専門的な「法制執務」(後述)を本務とした法務担当は、行政諸課に対していわば〝こわもて〟(恐持て、強面)的に指導力を発揮していたのだった。

条例・規則の「例規審査」をはじめ、行政執行における「裁量権」の適正行使が図られ、行政争訟に備え、わけても訴訟法務（訟務）に臨む、という法務の役割は大きかった。

しかし、かつての法技術専門の「法務」活動は、行政諸原課の「政策」固めとは、全くの別立て作業と位置づけられていたことになる。

ところが一九八〇年代において、政治学の松下圭一教授とその指導下の自治体職員の共同研究成果として、「政策法務」という造語が為された。その結果、地域政策を積極サポートする法務活動が裏付けられた。

その後、立法論を重んじる阿部泰隆教授にはじまる〝政策法学派〟が、「政策法務」を職員研修科目としても定着させる。さらに、九九年平成分権改革で公認された地域自治体の法令〝自主解釈権〟をふまえた〝自主解釈型法務〟が、「政策法務」を公用語化する今世紀を象徴している。

法務のコアであった法技術専門の「法制執務」

内閣・国会の法制局で培われた「法制執務」は、立法案審査と法令解釈事務を本務に、法令の合憲・適正解釈と行政裁量権の合法行使を、法技術専門的にリードするものだ。それが自治体法務に伝わり、「例規審査」と中央照会型の「法令事務」（官庁通達・通知等と「行政実例」の順守）と相成っていた。

第二次大戦後でも、「行政不服審査」（行服）は長らく行政庁主体の処分自己審査制であった。それに比べると、訴訟法務（訟務）は司法裁判所の法技術専門性を尊重しなければならず、適任弁護士に訴訟委任する委託法務を主としてきた（官庁の法解釈が裁判所に必ず通用する保証はないため）。

もっとも、右のような法技術専門的な自治体法務にあっても、自治立法「条例」の合法解釈や自治行政処分の「裁量権」行使の合法性について、法務は関係行政原課に責任ある指導・回答をする立場を有し、〝恐持て〟法務とはその姿にほかならなかったであろう。

「政策法務」では行政諸課と法務が相互交流する

今世紀に入って広く公認されている自治体の「政策法務」にあっては、行政諸原課の自治政策固めと、地域自治責任を分担する「法務」とが、日常的に相互交流する必要を生じている。加えて、「住民協働」自治の表われである「住民訴訟」を含む自治体の応訴責任の重さから、

「指定代理人」職員を主体とする政策法務的訟務（後述する〝政策訟務〟）がクローズアップされている。そうした訟務では、いぜん補助役を務める行政原課にとっても、自治体裁判の自治政策的意義を大いに重んじていかなくてはなるまい。

そもそも「政策法務」体制にあっては、地域自治政策を合法・妥当に生かす全庁の協働実務として、法務担当と関係原課とが政策固めから自治立法・執行プロセスを通じて日常的に交流・協働することが求められる。

その行政原課と政策法務担当の相互交流は、相談・協議・指導回答のほか、プロジェクトチームづくりや共同調査・研究といった形になりえよう。

そこで法務担当が行政諸原課から歓迎的評価を受けるなら、〝恐持て〟法務ではなくいわば〝持て持て法務〟に変容することになるであろう。

こうした〝政策法務能力〟を養う職員研修のあり方も新たに企画工夫されつつあり（後述）、自治政策条例づくりのワークショップ演習など、法務と関係原課の合同職員参加が求められる。

そこで改めて、「政策法務課・室」の設置といった政策法務の組織編成が地域自治課題ともなっており、一部には例規審査会を拡充した「政策法務委員会」方式も知られるが、いずれにせよ政策法務の充実した全庁的事務組織編成が望まれる。

さらには、政策法務の責任態勢として、地域政策的試行等をめぐり、他の関連自治体との交流的取組みも重要であって、そこにおける法務と原課の対外的協働も求められることであろう。（以上につき、拙著『政策法務の新しい実務Q＆A』第一法規、二〇一七年、参考。）

2 課税自治権を真に確立させるために

自治体の税財政自治権に向けた変革の必要

何でも金の世の中というわけではないにしても、お金の裏付けがなくては社会活動は十分にできない。

地域自治権にとっても、税財政自治権こそがその現実土台にちがいない。

ところが、税財政は国政の土台でもあるため、現行法制では税財政の法律の下で自治体財源の配分・補給を全面執行している次第であって、全くもって〝地域自治法〟的でない。

わけても顕著なのは、現行税法制の結果、国と全自治体の税収規模が三対二であるのに対して歳出規模は二対三と逆になっており、その是正システムとして「地方交付税」と国庫補助金等による自治体財源の保障と補給という、国の〝垂直財政調整〟（垂直財調）制が採られている事実だろう。

しかし、この国による〝垂直財調〟制を変革して、地域自治体の税財政自治権を後述する憲法保障原理に沿うように確立させるためには、現行の「地方交付税法」を廃止するとともに、「地方税法」等を抜本改正しなければならないので、とてつもなく大変にちがいない。今後長期にわたって、国・地方協議組織による「地方税制」をめぐる法定の協議に期待しなくてはならない。

自治体法学・地域自治法学としては当面、とりわけ地域自治体の〝課税自治権〟確立の道筋を努めて明確に論じておく必要がある（既存学問的にはこれは、租税法学や財政学に深くかかわるが、ここでは筆者の見解の筋だけをはっきりさせておきたい）。

先述した憲法上の地方自治権に、課税自治権・〝自主課税権〟が含まれると解すべきことについては、最高裁の肯定解釈判例が存している。

「普通地方公共団体は、地方自治の不可欠の要素として、……国とは別途に課税権の主体となることが憲法上予定されている。」（最高裁第一小法廷判平二五・三・二一、神奈川県臨時特例企業税事件）

ところが、地方税は憲法八四条にいう「法律の定める条件による」ものとの前提から、右の法定外の臨時特例企業税（臨特税）条例は地方税法違反だと判示されてしまい、その際に、課税自治権の憲法保障の趣旨解釈に関連する国法改正の必要性が残される課題となったのである（右判決における一判事の補足意見がほぼ同旨）。

応益課税自治権の憲法保障解釈の裏づけ

改めて、憲法（九二・九四・八四条）による自治体の課税自治権・〃自主課税権〃保障の趣旨解釈を正しくしようとするときには、国税と地方税の質的な違いに関する税制理論を深く問う必要がある。

すなわち、〃応能〃国税と〃応益〃地方税との本質的区別が、このあと論じていくとおり肝要なのだ（私見の既発表として「地方税の応益税的本質について」ぎょうせい刊・税二〇一五年一月号八頁以下、参考）。

すでに公知のところでは、近代国家が〃租税国家〃だと言われた一九世紀の当初段階では、法定租税も安全秩序行政の財源分担だと理解されていたのが、二〇世紀現代の〃福祉国家〃になって、国の租税は国民が経済力に応じて生活保障行政等の巨大な国家財源を負担していく仕組みだと解されるにいたった。現代憲法の「生存権」保障に任ずる国の法定租税は、国民の経済的〝担税力〟に応じた〝応能税〟としての編成を生ぜしめている。

ところがさらに、第二次大戦後の現代憲法が「地方自治」を保障し、自治体が生活・事業基盤づくりに地域自治的に任ずる段階となって、その自治財源である「地方税」の編成にあっては、改めて日常的な行政サービス受益に見合う住民の〝応益税〟分担が問われるにいたったのだ。

国の所得・法人税や相続税等では、収入・取得資産価額から経費・損金等を引いた「所得」・利得が〝応能〟担税力とされるのに対して、〝応益〟地方税では行政受益によって挙げた「収入・利益」に原則的に〝応益担税力〟が認められるべきであって、結果、赤字経理企業に法人税が無税となっても地方「事業税」等では課税されてよいことになる（非課税・減免制は別として）。

そこで、地方税法をはじめ税法律によって、地方税制に応能課税制が入れ込まれていると（たとえば、法人事業税の「外形標準」課税はいぜん部分的）、それは自治財源を国法で減らしているという次第なのである。

であるならば、国の税法律によっても自治体課税権を十分に総量保証させるためには、〝応益課税自治権〟こそが地域自治に本質的に伴なうべきものとして憲法保障されているのだと条理解釈しなくてはなるまい。

〝応能〟課税主義の国法で地方税制を自由に定めるようなことは、〝応益課税自治権〟の憲法保障原理に反すると意識される必要がある。

しかもこうした応益地方税にあっては、公平課税原則・租税平等主義のあり方も応能国税とは大いに異なってくるので、国の垂直財調を脱したら、自治体間における〝水平財政調整〟（水平財調）の仕組みづくりが〝広域応益税〟（後述）の編成として肝要になってくるのだ。

そしてそうした応益地方税の編成においては、〝一国多制度〟の広域連携的な共同・配分にまで及ぶところと見通せる。

応益地方税の広域連携（水平財調）が必要

地域自治体の応益課税が国の垂直財調を脱して自立した場合、誰れでも気づくのは、地域税収の自治体間格差という問題で、たしかにこれは公平課税原則にも沿わない。

ここで、現行税制上の顕著な実例として、東京二三区の「固定資産税」制を取り上げよう。二三特別区の固定資産税は区税でなく都税とされ（地方税法七三四Ⅰ・Ⅱ）、他と合わせた三都税収入が「特別区財政調整交付金」として各区に配付されるむね法定されている（自治法二八二Ⅰ・Ⅱ）。

他の市町村現行の固定資産税の如く物的評価課税のみを考えていたら、この広域課税の合理的理由は見出されまい。

しかし、大都市部における住民生活圏の拡大から、都心事業区の実勢高地価は勤労住民の夜間居住区にあっての生活基盤行政の受益成果をかなり化体しており、都心区の事業応益税が居住区での生活応益税と多分に広域相関していることが、右都税システムの裏付けにちがいないであろう。

ところが、すでに述べた東京都と二三特別区とは自治体として対等なので、都区垂直財調ではなく二三区の広域連合による〝水平財調〟的共同課税に抜本改革することが、地域自治法の筋だと考えられる。

そしてそこにおいては、都心区が固定資産評価の当初データ上から居住区への〝持ち出し〟を嫌うといったことは、同税の〝広域応益税〟性に沿わないのだと指摘されなければならない。

この〝広域応益税〟論こそが地域的に公平な〝水平財調〟制を裏付けるのだ。

そうしてみると、関係する地域の自治体が、広域応益課税による公平原則の見定めに役割分担協力する責務を負うわけで、その結果は、地方税制の〝一国多制度〟化にいたることを大いに予定しなければならない。

その際、地方税制の国法規律範囲がそれだけ減るわけだが、「地方税条例主義」（地方税法三

Ⅰ）はそこに貫かれ、広域連合・事務組合等の議会条例または連携自治体税条例の委任にそれが表わされるはずだ。

これが、現行の地方税法をはじめ地方税に関する国法のあり方を大きく変える立法要求であることも間違いない。

「地方共同税」の一国多制度

前記の〝広域応益税〟論に立つ〝水平財調〟下の地域自治税は、多分に一国多制度化を予定され、その仕組みづくりには「地方共同税」観が有用だろう。

「地方共同税」の制度設計はこれからのテーマだが、その要点を挙げてみよう。

① 「共同地方税目」の選定は、広域連携自治体の組織・協議によって地域自治的に条例規定される。

住民税・事業税などの人税面はもとより、固定資産税や自動車関係税などの物税面でも、広域共同税目になりうる。

また、地方消費税をはじめ都道府県の〝大広域連携〟にかかわる共同税目となると、将来の「道州税」をも超えて道州連合の大広域応益税にもいたりえよう。

②　共同税目の課税要件事項（課税対象、納税義務者、課税標準、税率など）も、地域自治立法裁量の合理的範囲内で広域的に決められる。こうした課税要件の一国多制度化が、地方税法の要件規定の抜本改正を求める。

③　共同税収の自治体間「配分」こそは、連携自治体の地域特性に応じた応益行政費分担の見定めにかかり、配分基準および配分措置は共同組織の責任ある決定にゆだねられる。

こうした広域応益税の水平調整である「地方共同税」に取り組む地域自治税制ともなると、自治体は徴税費の自律的負担面でももはや国の垂直財調には頼れず、共同徴収の組織編成を含めて〝水平財調〟制にゆだねなければならないのが、地域自治法の指示するところである。広域共同課税を含む地域自治体の応益課税自治権の行使には、各種の住民サービス行政といった地域自治権の働きが深く多様にかかわっていることは、もとよりであろう。

おわりに、記されてきた広域応益地方税の賦課徴収の一国多制度づくりをめぐっては、「地方六団体」と事務局の助言指導役割が相当に求められるに相違ない。

なお、地方税の応益課税をめぐっては、一〝特殊法〟である税法の専門領域でもあり、そこに関係自治体におけるハイレベルの「政策法務」課題が詰まっていることは言うまでもなかろう。

3 地域自治立法の多制度な発展

例規集にみる自治立法の形式えらび

各自治体のホームページに出ている「例規集」は、自治立法集にほかならず、その「細目次」には自治立法形式の比較資料価値が伴なう。

たとえば、自治体が「住民表彰」をする根拠形式を比べてみると、条例（議会立法）、規則（行政立法）、規程（行政内規・訓令）、要綱（告示ないし決裁内規）の四形式に分れていることが見える。

それが各自治体のかなり古い選択の結果なのだが、政策法務の見直しテーマだと思える。今までかなり多かった「表彰規程」は、職員と一緒に住民をも表彰する行政内規「訓令」なので、全く今様でなかろう。

同じ行政内規でも、「要綱」は、住民がらみの事柄を定める他の例に照らして「表彰要綱」もまあまあで、ただのちに論ずるように公式の「告示」形式にするのがよい。

それに対し、名誉市民条例に次ぐ住民「表彰条例」が最も好ましい（市・区で増えつつある）。

なお「表彰規則」も、行政が定める正式法規である「規則」を重んじたパターンで、住民と職員を並べる形での規則重視主義で悪くはなかろう（一部の市）。

例規集にいう「例規」とは、今日の地域自治法では、条例・規則の総合略称だと読めよう。議会「条例」でなくてはならない事柄（必要的条例事項）は、自治法等の法律で挙げられている刑事罰則（一四Ⅲ）や住民への義務付け・権利制限（一四Ⅱ）など、解釈上一律に決まっているはずなのだが、行政立法「規則」えらびの手法の方は、国の政・省令とちがって地域自治選択がかなり現われる。

金銭「助成」その他行政サービス「給付」を根拠づけるには、条例・規則・要綱の形式えらびが、多分に地域自治にゆだねられる。もっとも、学童クラブ条例、道路占用規則、ボランティア保険取扱要綱・私道測量事業実施要綱といった分れは、かなり一般的だが、多制度にほかならない。

補助金交付規則が通常のところ、補助金交付条例を選ぶ自治体が出てきた。委員会規則とちがい公選首長の行政立法である「規則」を重んじようとする自治体もある。職員服務規則・研修規則は、ふつうの服務・研修規程を超えようとする自治立法態度にちがいない。

条例「罰則」の行政法的な位置づけ

自主条例にも一定限度で法定外の「罰則」（刑罰規定）がつけられるのが（自治法一四条三項での確認）、自治体の〝ミニ国家〟性の証しであることはすでに記した。

このことの行政法的意味合いは、かなり大にちがいない。

たしかに、〝自主条例〟に法定外の罰則が書かれるようでないと、地域自治立法としての「条例」に実効力が伴なわないだろう。

しかし同時に、「罰則」は犯罪捜査・起訴・刑事裁判の刑事手続による原則で、行政処分制裁である「過料」とは訳がちがい、現に政策法務で扱う条例罰則案について事前の「地検協議」が慣行上予定されているくらいだ。

地検協議で問われるのは、刑罰の程度・均衡性とともに、「犯罪構成要件の明確性」の書き方であろう。

ところが、がんらい条例罰則は、特別刑法に属する「行政刑罰」であって、行政法規違反を直接処罰しようとする〝直罰〟制の構成要件条項の明確性は、住民を義務づける行政「規制」の書き方にかかっている（一例として、資源ごみ収集条例が「所定の場所」からの「持ち去り」処罰を書いている、など）。

しかしながら、刑法犯のように生ま身の自然人だけの行為処罰とちがって、行政犯となると、「法人両罰」の前提になる個人処罰が多く、法人の〝監督過失〟を含めて白紙的な両罰規定の解釈にゆだねられている。

さらに行政法的にそれ以上の問題は、行政犯が〝行政処分違反罪〟の定めによることが少なからず、その罰条では普通、行政処分規制の条例規定ないし通知処分に「違反する場合」と書かれ、犯罪構成要件が「裁量処分」に左右されやすいのだ。その場合、処分「裁量権」の限界越えといった違法の存否に犯罪の成否がかかっている（法人両罰のほか、法人行為処罰にあっても同様）。

もっとも右の行政犯問題は、国の法律罰則でもほぼ同じなのだが、自主条例罰則には、地域自治法制として条例規定することの当否がかかっている。

また、そうした条例違反罪は地域自治として法人を含む住民処罰を行なうもので、法人住民を含む住民協働手続で罰則条例素案がつくられるという〝地域自治法〟性も肝要であるにちがいない（以上につき参考、兼子「私の法解釈方法論について（一）」自治研究二〇一六年九月号一二〜五頁、前掲『政策法務の新しい実務Q&A』五七〜九頁）。

法律との間での地域自治条例のパターン

自治体の議会「条例」がすべて地域自治立法とはならない。国の法律委任に基づく〝委任条例〟で細目の定めだけの場合には、今でも関係省庁の〝標準条例〟通知に沿う例が少なくない。もっとも法律自治執行の委任条例もあって、開発許可基準の地域条例がそれだ（都市計画法三三Ⅲ・Ⅴ）。

それに対し法律から独立した〝自主条例〟は、関連法令に反しなければ、地域自治の要求に応える〝地域自治条例〟になれる。

その近時の歩みを大略見ておこう。

二〇〇〇年代にかけての地域自治条例のシンボルは、〇二年杉並区にはじまる「自治基本条例」（後述）で、地域自治の基本原則を書く〝自治体憲法〟だとされている。

すでに環境基本条例など個別基本条例の動きがあったのが体系化されるようになり、議員提案に成る「議会基本条例」（後述。二〇〇六年北海道栗山町いらい）も広まった。

併せて、諮問住民投票条例や、ＮＰＯをふくむ住民活動団体支援条例といった〝住民協働条例〟が目立つ。

地域政策自治の動きを先端制度的に示すものとして、①財務の透明・公正改革にかかわる、補助金交付条例（交付規則をこえる）、公契約条例（二〇〇九年野田市）、債権管理条例等、および②生活環境保全に関する、地球温暖化対策条例（〇四年京都市）、路上禁煙条例（〇二年千代田区）・受動喫煙防止条例（一〇年神奈川県）、ネットカフェ規制条例（一〇年東京都）、空き家対策条例（一〇年所沢市）など、が生じている。

さらに、暴力団排除条例や滞納者氏名公表条例と個人情報保護条例との間など、解釈運用調整がかなり大変な地域自治条例間の問題があり、政策法務の格好なテーマを成す。

地域自治条例と法律の行政法的関係

このテーマについては、最高裁大法廷の解釈判例（昭五〇・九・一〇）が早く一九七五年に、徳島市公安条例事件で同条例が道路交通法に違反しないとした際にだが、つぎのとおり公けにされている。

「特定事項について、これを規律する国の法令と条例とが並存する場合でも、①後者が前者とは別の目的に基づく規律を意図するものであり、その適用によって前者の規定意図する目的と効果をなんら阻害することがないときや、②両者が同一の目的に出たものであっても、それぞれの普通地方公共団体において、その地方の実情に応じて、別段の規制を施すことを容認する趣旨であると解されるときは、……条例が国の法令に違反する問題は生じえないのである。」

これは国の法令の趣旨解釈を優先させる方式ではあるが、実質的結果としては地域自治条例が合法となる要件を二種類に分けて挙げていると読める。

(1) マンション建築紛争調整条例と建築基準法

二〇〇二年に横須賀市が、「指導要綱」を規制条例に格上げした中高層建築紛争調整条例は、建築事業者が開発許可・建築確認を得ていても、住民説明報告書と対住民意見見解書について市長の審査・承認を受けなければ工事に着手できず、是正命令違反には六か月以下懲役等の罰則を定めていることが、都市計画法・建築基準法に反しないかが問われた。

同市の解説手引書によると、前記最高裁判旨の①の別目的規制条例（傾斜地開発規制）として合法と解され、地検との罰則協議もクリアーしたという。

政策法務的にきわめて注目に値いするが、筆者の観点からは、同一目的条例に関する前記②の基準に則って、開発許可・建築確認の法律効果を限定解釈した地域自治的規制条例としての合法性とも解しうるであろう（民間の指定建築確認検査制に、法律的効果限定の趣旨が伴なうところと解しうる）。

これは、法令より強い規制を地域要求に応えて定めた「上のせ」条例の合法解釈例と考えられる。

（2）商業施設出店調整条例と大店立地法

つぎに、法律で対象外とされる範囲に規制を広げる「横出し」条例の合法解釈例を挙げよう。東京・杉並区は二〇〇〇年に、「特定商業施設の出店及び営業に伴う住宅地に係る環境の調整に関する条例」をつくった。

五百平米をこえる店舗と三百平米ごえ深夜営業の店（午後一一時から午前六時の間）を対象にし、事業主に出店八か月前までの届け出および二百メートル内の近隣住民への説明会と協定づくり、また区との協議を求め（住民からの意見書も可）、従わない事業主に是正勧告や出店延期等の指導をし、それを公表できるものと定めている。

これは、規制対象の面では、一九九八年「大規模小売店舗立地法」（大店立地法）が千平米ごえの大型店だけを対象にしている（同法施行令二条）のを、「横出し」したことになる。

その合法性は、同区の政策法務テーマだったはずだが、旧大店法がもっぱら小売商業調整の経済的規制で〝規制限度法〟と見られていたのを改めて、現行の大店立地法は、「周辺の地域の生活環境の保持のため」（一条）という〝社会的規制〟を目的にし、逆に〝最低基準法〟として千平米という法定対象にしているのだとしたら、区の「横出し」条例は地域条件に照らして合法（前記②の基準に適合）たりうると解されるであろう。

ここで「政策法務」上大切なのは、地域自治条例づくりにおける〝立法事実〟というものの支えである。

〝条例立法事実〟とは、当該条例の目的と手段が地域自治の政策と制度として必要かつ合理的であることを裏付ける地域事実データを指す。

すなわち、条例づくりの要求・動機を示す文書・動画等の記録をはじめ、所管原課による調査・収集資料や審議会・研究会等の答申・報告書などが多様にありうる（裁判にあっては関係者の証言も含まれる）。

地域の特殊事情にかかわるものが多くて当然だが、先端政策試行中のデータも「地域特性」の資料に当ろう。

また、生まの個別事実に、地域政策や憲法原理・自治体法原則の光を当てて有意味になる場合も実は少なくない。

滞納整理指導に条例の根拠付けを

地方税その他の公課・公的債務の長期滞納者に対する「滞納整理」が、今や各自治体における大きな地域自治テーマを成しているのは公知だろう。

しかも、滞納原因が経済的負担力を欠く場合だと所定の「減免」制の適用で済むはずなのだが、実際には今日残念ながら、行政不信感や反税感情に基づく住民の滞納がかなり目立つとなると、公負担の平等原則に照らして捨てておけず、自治体は組織的に滞納整理の行政指導に乗り出している。その多制度状況は、地域自治法論として取り上げざるをえない。

あとで述べるように筆者は、滞納整理指導に根拠条例を創ることを提案しているのだが、これからの状況なので、主に現行法下の多制度的運用に注目しておきたい。

(1) 地方税滞納者への整理指導の地域状況

税の「滞納」とは、納期限を過ぎて「督促状」を受けても完納しないことを指し、地方税法には税目ごとの税務「調査」と財産「差押」や「公売」処分が予定されている。

そして、〝滞納整理指導〟についても、「徴収金を納入する義務の適正な実現を図るために行われる行政指導」と書かれてはいるのだが（同法一八の四Ⅱ。行政手続法不適用という条項）、税条例に具体の定めはないため、右の調査・滞納処分の法条を根拠にした運用実務だと考えられているようだ（実は間接典拠にすぎない）。

① 滞納者本人への連絡アプローチ――携帯メディアへのメール連絡を主に、面談の申入れをする（職場や留守家庭への電話連絡や直接訪問は原則控える）。

② 滞納理由の聴取と「減免」余地の確かめ――滞納事情について本人の真意を問い、減免適格の有無に関し調査する。

③ 納税勧誘と納付計画の話合い――面談やメール交換において、分納を含む納税約束を勧め、分納計画の納税誓約を何とか取りつける（滞納処分・徴収の猶予・延滞税や後述する行政サービス拒否の可能性を適切に示唆する）。

④ 実際の納税状況の把握と記録（再滞納を防ぐ）。

これらの滞納整理指導の主管は税務・課税課の職員だが、市区町村では課長以上の管理職を全庁動員するプロジェクト編成が少なくない。市町村から府県への補完的事務委任もありうるわけだが、地域自治税としては市町村「広域連携」の方がふさわしかろう。

連絡事務の一部を民間委託する運用も為されつつあるが、「延滞金」の審査や「差押・徴収猶予」などの公権力行使はアウトソーシングできがたいので、委託限度の政策法務的な見定めがだいじにちがいない。

前記の滞納整理指導は自治体税務の主要場面を成しているので、「税条例」にその要点を根拠規定する改正が政策法務上望ましいと筆者はかねて提案してきている。

それによって、家族など第三者に本人滞納情報を「外部提供」するという、個人情報保護条例の特例根拠となる。

さらに、「小田原市市税の滞納に対する特別措置に関する条例」（二〇〇〇年）のように、滞納者の氏名・滞納額の「公表」措置を規定することまでは、税条例に入れられるとしても、住民税滞納者に施設使用を不許可にするなど行政サービス拒否を書くことは、普通税の非対価性からして税条例そのものにはほんらい向かないであろう。

（2）公的債務滞納者に行政サービスを拒否できるか

滞納整理指導は実は、税外債務・公課であるいろいろな公的負担金についても大いに問題化している。

下水道分担金や国保料のように滞納処分・強制徴収権が法定されている費目では、前記税務にも類しうるし、また水道料金未納者への「停水」や施設使用料不払者への原則不許可などは実行されえている。

それに対して、事の性質上、滞納住民の家族に直ちに行政サービス拒否をしにくい費目が、学校給食費、高校授業料、公営住宅家賃、保育料、介護保険料、公立病院診療費、福祉返還金、などにわたっていよう。

そこでむしろ多くの公的債務について、関係行政分野ごとの滞納整理指導が行なわれつつある。しかもそこでは税務とちがって、当該行政サービス拒否の可能性を示唆しながらの納入説得を目立たせる。

それにかんがみてであろう、「市税等の滞納者に対する特別措置に関する条例」（二〇〇五年芦別市いらいの諸市・町）において、関係行政サービスの拒否が根拠づけられている。しかしサービス拒否の要件・範囲の定め方がまちまちであること、とりわけ「市長が特に必要と認めるとき」といった一般条項が、問題であろう。

一般条例としての根拠は、むしろ「債権管理条例」に盛り込むべきで、既存の「不納欠損」や債権放棄の定めに連なるところと目されるのであるが、たしかに多種類の公的債務にわたるので、限定的根拠条項の書き方（規則・要領への委任をふくめて）が政策法務として詳密に検討されなくてはならない。

それとともに、滞納整理指導の一般規定が税務との比較で工夫され、また滞納者氏名「公表」の定めは債権管理条例ではいっそう注意されなければならない。

いずれにせよ、こうした税その他の公課滞納住民に対する滞納整理指導と関係行政サービス拒否は、その条例根拠を含めて、地域自治法における最大の難題の一つと言えよう。

〝要綱行政〟の自治体法学的な検討

法規でない〝行政内規〟が、住民を拘束しない行政の自己基準として、自治体実務でも大きな働きを示している。

「例規集」ホームページに多く掲出されている訓令「規程」は、文書管理規程・事務決裁規程・プロジェクトチーム設置規程など、行政内部の事がらの定めだ。

それに比して、開発・産廃等「指導要綱」、補助金・貸付等の「助成要綱」、道路測量・デイサービス等の「事業実施要綱」などの「要綱」は、〝事実行為〟行政の分野で住民関係事項を定めた行政内規で、住民が大いに見たいと思うはずである。

現に、建築計画概要書・地価公示図書閲覧規程（告示）のごとくに、「告示要綱」を例規集ホームページに載せている市・区が増えているが、都府県や指定都市では大量の要綱を公表していないのが普通だった。

しかし、住民生活・事業活動に日常ふれる非権力行政を内規「要綱」で基準化している自治体にあっては、住民協働時代に「要綱」は原則的に公表し例規集に載せていくべきではないのか。

もっとも、〝要綱行政〟には、〝うしろめたい裏技〟だといったトラウマがかねて伴なっていた。「宅地開発指導要綱」が都市行政法令の不備を補う手法として活用されだした一九七〇年代、要綱行政は法治主義原則に沿わないとかなり行政法学者から批判された。

なるほど、前述した滞納整理指導にあっては、筆者も事務処理要綱では足りず条例化すべきだと提案したのだったが、これは権力行政的実質にかんがみての話だ。

それに対し、法規に基づく規制・行政処分行政とは別立ての〝事業・事実行為〟行政の分野における〝要綱行政は〟、必ずしも法律・条例に根拠づけられなくても、予算議決に根ざす指導・助成行政が内規「要綱」で基準化されているのでもよいという解釈が、地域自治法学・自治体法学では有力なのだと言えよう。

たしかに、要綱行政を条例化することこそが法治主義原則に沿う、と政策法務的にも言われやすい。しかし、指導要綱を「規制条例」化するには、先述の合法解釈問題をクリアーしなければならない。

筆者の〝地域自治法〟論・自治体法学によれば、要綱の条例化は「告示」化と、政策法務上で選択的なのである。

「告示」とは、なんでも行政措置を住民全体に公式に知らせる形式で（自治法二六〇条の二第一〇項・地縁団体の認可告示などが個別法定例）、告示要綱は〝要綱行政〟の正式公表方式なのである（訓令甲や首長決裁とは異なる）。

ただし、都府県・指定都市では、多数要綱の告示化にともなう例規審査が難事と思われやすいので、長期プロジェクトを予定すべきだろう。

かくして「告示要綱」は、「訓令規程」以上にホームページ例規集に向く自治体行政基準なのであって、地域自治法・自治体法における、自治法規・例規に次ぐ広い意味の〝自治立法〟に含まれるものと解されてよいであろう。

そして、住民たちのホームページ検索で入手された告示要綱をめぐっては、改めてその条例化や、策定・改定手続への住民参画が求められもすることだろう。

4 地域行政執行における「裁量権」の生かし方

自治行政での「計画裁量」と「裁量処分」・契約裁量

行政「裁量権」とは行政法上、現行法の枠内における行政機関による判断・選択の余地を指す。

わけても、法解釈えらびの〝法規裁量〟でなく、いわゆる〝自由裁量〟にあっては、専門技術的選択ともちがう〝政策的裁量〟こそが、地域政策を自治行政に盛り込む場面として注目される。

そして自治行政執行には、「計画」段階と個別措置決定レベルとで政策的裁量の幅がかなりちがい、まずは前者の「計画裁量」における地域政策の盛り込み方が、政策法務のテーマとなる。

（1）行政計画上の政策的裁量

とりわけ計画の策定に際して、事業説明会やパブリックコメント、住民参加会議等において、行政原課が説明責任を果せるように、政策法務担当の助言役割がありうる。そこで、住民に意見をきく計画素案の流動性（代替可能性）をどう予定するかの問題がだいじである。

また、計画裁量に地域自治政策を盛り込むに当っても、現行法制上の「裁量権」の限界をこえ出るようだと違法になりうるので（後述（2）参照）、政策法務担当の助言・指導が重要である。

そこに、先述した憲法・行政法のほか各〝特殊法〟の法理の効果が現われてくるので、法務と関係原課のその都度協議が求められよう。

こうした裁量計画の事項例として、つぎが挙げられよう。

① 環境管理計画――後述する空き家対策・まち猫問題、産廃処分場対策など
② まちづくり計画――都市計画・再開発事業、景観計画、コンパクトシティ・プロジェクト、地域おこし計画など
③ 公の施設設営計画――「指定管理」・民営化、統廃合など
④ 自治体契約方針――入札基準での地域企業処遇（談合防止策をも含めて）など
⑤ 自治体間連携――連携協定・協約（里まち連携を含む）

(2) 個別行政措置における政策的裁量

計画裁量の下で、行政処分・代執行、契約その他の個別行政措置が、やはり地域自治裁量を生かして決められる。

その個別裁量権行使の法的指針として、「裁量処分」に関する行政事件訴訟法三〇条の定めが適用されうる。

すなわち、「裁量権の範囲」逸脱または「裁量権の濫用」があると違法になる。

そしてすでに最高裁の確定判例として、裁量権範囲逸脱は、考慮すべき事項の考慮不十分(要考慮義務の不尽)、裁量権「濫用」とは、考慮すべきでない事項の「他事考慮」を指す、と解されている(平八・三・八、公立高専剣道実技の宗教的拒否生徒退学処分取消し事件)。

自治体としては、裁量処分等の個別措置においてこそ、地域自治政策を具体的に盛り込みたいわけだが、同時にそれは、関係住民の個別利害に直接ふれるので、要注意にちがいない。政策法務と原課との密な話合いが、予防法務的にも肝要なのである。

そうした個別自治行政措置として、つぎのような項目が考えられる。

① 裁量行政処分――生活保護、保育園選考、公の施設利用制限、補助・手当金交付、など

② 行政指導――処分申請時、不利益処分時、滞納整理など

③　契約締結──対民間協定、「財務」契約時（入札手続の地域的多様化を認める近時の法令下における、地域企業優先措置の妥当性を含む、Ⅴ章で詳述）

ここで、①の行政処分に対しては、関係住民から争訟の余地があり、訴訟とちがって行政不服審査（行服）にあっては、地域裁量権行使の〝合違法〟のほか〝当不当〟審査も、法改正後の第三者審理手続にかけられるので、予防法務が欠かせないであろう。（以上につき、前掲『政策法務の新しい実務Q＆A』七二頁以下、参考。）

空き家対策条例の地域執行をめぐって

都市部の〝空き家公害〟は、人の住む〝ごみ屋敷〟と似て非なるもので、居住しない所有者の管理不全という市区町村行政の難題を成してきた。

二〇一〇年所沢市にはじまる市区町の「空き家対策条例」が、地域自治的に約四百に広がったところへ、二〇一四年一一月公布で「空家等対策の推進に関する特別措置法」（空家法）が成立した。

同法では、著しく保安・衛生上危険および景観損傷の空き家を「特定空家」と定義し（二Ⅱ）、情報取扱いをはじめ是正行政措置を根拠づけている。

そこで、条例に基づく市区町行政執行の各段階と空家法との関係で、解釈運用にともなう多制度状況がすでに政策法務のテーマとなっている。

しかも空家法は既存条例と同じ目的の〝最低基準法〟と解されて条例をサポートするはずであり、ただ強制措置は財産所有権を相手にするため法的に注意を要するにちがいない。

① 空き家の所有者探し

居住高齢者が死亡して遠くの相続人が不明瞭だったり、登記所有者が所在不明だったりすると、持ち主探しの行政調査がまず大変だ。

空家法では、敷地調査権（九Ⅰ）や固定資産税情報の「目的外利用」（一〇Ⅰ）その他「税務上の措置」（一五Ⅱ）を根拠づけた。

空き家敷地を更地にして固定資産税の小規模住宅地六分の一特例がなくなるのを恐れる向きに対しては、二〇一五年の地方税法改正（三四九の三の二Ⅰかっこ書き）で、是正勧告の出た特定空家には減税特例を適用除外としてしまうこととした。

② 判明所有者の管理不全への是正指導行政

行政調査で判明した持ち主に対して、修繕・解体・草木伐採その他「適正管理」への助言・

指導・勧告をすることについては、空家法（一四Ⅰ・Ⅱ）と条例規定が競合しているが、条例上では、協調持ち主に再生管理費を助成することを重んずる傾きもある。

③　危険空き家の解体「命令」および「代執行」

是正勧告に従わない持ち主に対して、「弁明の機会」を与えて解体命令をすることは、やはり法律・条例が競合してきた（空家法一〇Ⅲ〜Ⅷ、建基法一〇Ⅲ）。

問題は、「代執行」の強制根拠は法律に発しなければならないことで、建築基準法の除却代執行（一〇Ⅳ）のほか、空家法では「行政代執行法」を準用するだけである（一四Ⅸ）。

実際には条例上の解体「命令」に続く「代執行」の実例も生じていたのだが、執行法律を順守するとともに費用徴収の難しさを事前チェックしなくてはならない。

④　所有者不明の危険空き家への強制措置

老朽危険家屋の解体強制は、持ち主不明・不連絡の場合にも、地域安全のために敢行する必要がありえよう。

その法律的仕組みは、「公告」に基づく「代執行」であって、かねて建築基準法が過失なき受命者不明の場合に「公示」後の「簡易代執行」を書いていた（九XI、一〇Ⅳ）のに対して、空家法は同じ要件下の「公告」代執行を定めている（一四Ⅹ・Ⅺ）。

自治体は、条例に基づく解体命令後に、これら法定の公告代執行を行なえるはずだが、それとは別に、条例に「即時強制」を規定し、緊急事態認定をへて撤去執行をすることができないかが問われている。すでに条例上の「緊急安全措置」が災害時の防災手段として発動される実例が知られる。

空き家対策の〝地域自治法〟的な重要さに照らすと、右の「公告代執行」・費用徴収の実務状況との比較で、脱法的にならない緊急安全措置としての低額公費による「即時強制」は条例上可能と解する政策法務がありえよう。

⑤　空き家の再生および地域的利用

空き家を撤去したりあるいは修復しえた場合に、予めの計画に沿って、所有者の了承ないし黙認に基づいて、公園や施設用地等として地域資源活用するという動きが近時急速に広まりつつある。それは個別措置を超える地域政策裁量として大いに注目されよう。（以上につき、前掲『政策法務の新しい実務Q＆A』六〇〜二頁・八二〜四頁、参照。）

地域自治の対象である〝まち猫〟問題

猫は犬とともに最たる家庭ペットだが、牝猫の繁殖力は半年育ちで数匹を出産するほどなので、捨て猫も少なくないうえ、野良猫が大いに繁殖して数多くなりやすい。野良猫に住民が餌やりをするほか、飼い猫も屋外活動をしやすいだけ、いわゆる〝まち猫〟の、街なかでのふん尿・ごみ荒し・鳴き声などが、大きな都市公害問題となっている。飼い猫のトラブルは飼い主の責任なはずだが、野良猫をめぐる地域自治として、餌やりの規制や避妊去勢目的の収容等によって都市環境を守る対策が考えられる。

現に二〇一五年の「京都市動物との共生に向けたマナー等に関する条例」がつくられ、「過料」制裁を伴なう飼い猫の届出制や、獣医師会の協力による無償の避妊手術を定めるとともに、所有者なしの猫に対する給餌の原則禁止と去勢目的の一時収容などが根拠づけられている。

〝まち猫〟の公害防止策として捕獲・殺処分を主に挙げることは、「動物の愛護及び管理に関する法律」（略称、動物愛護法・動管法。一九六三年立法、八三年改正など）が、「人と動物の共生に配慮しつつ、その習性を考慮して適正に取り扱う」という基本原則を定めていること（二―I）に沿わない。野良猫に対しても、子猫の一時預かりなど地域住民のボランティア活動を含めた地域協働こそが、動物愛護法に適うところだろう（以上、藤島光雄「京都市動物との共生に向けたマナー等に関する条例（上・下）」自治実務セミナー二〇一五年一〇月・一二月号、参考）。

たしかにペット法制は、一九五〇年代の狂犬病予防法・飼い犬等取締条例にはじまり、一九七三年の川崎市「飼い犬等の飼養管理に関する条例」と動管法の右制定以降、犬等の習性に即した愛育を重んじるレベルにいたった。

ところが、その後のレジャー時代に生じた危険動物ペットへの対策として、一九七九年千葉県「危険な動物の飼養及び保管に関する条例」に発し、八三年の動管法改正に基づく「特定動物」許可制が注目されてきている（猛獣飼いや外来危険動物の放てきなどの問題も）。

野良猫それ自体は危険動物ではないが、実はウイルス集団伝染死もあり、前述のような繁殖公害を防ぐために、捨て猫禁止を含む規律が地域自治法・自治体行政法に求められていると言えるのだ。

まちの法律家「行政書士」の地域的役割

法制にかかわる専門士業職のなかで、「行政書士」はとりわけ地域自治法上重んじられてよいであろう。

行政書士は、税理士・司法書士・社会保険労務士や土地家屋調査士のように業務分野が限られず、行政や法人・契約の法律事務に広く通ずる点で弁護士に近いのだが、弁護士より以上に全国の街なかや地域自治体の〝まち〟で日常活動する〝まちの法律家〟だと称されうるからである。

その資格は、二〇〇〇年からの行政書士試験研究センター試験の合格者および長年「行政事務」担当の公務員退職者などに法認され（行政書士法二①・⑥）、近時には法科大学院卒の法務博士も少なからず試験合格者となっているようだ。

行政書士が原則的に行なえる、紛争「法律事件」でない「法律事務」（弁護士法七二）として、遺産分割協議をふくむ民事「契約」や法人設立書類づくりがあるのだが（行書法一の三③）、かねて本来的業務は、官公署提出書類づくり（同法一の二Ⅰ）と行政処分の「申請・聴聞」代理等（一の三Ⅰ①）であって、地域住民・事業者の日常活動をサポートする〝まちの法律家〟にほかならなかった。

加えて二〇一四年の法改正によって一部紛争事件に立ち入る行政「不服申立て」代理が、いわば行政処分事務のワンストップサービスとして、日行連（日本行政書士会連合会）の研修を認定修了した「特定行政書士」に、法認されるにいたっている（行書法一の三Ⅰ②・Ⅱ）。

(1) 行政書士の地域的「代理」業務

全国にいる四万六千をこえる登録「行政書士」は、個人・法人事務所でまず法的書類づくりの「相談」に応ずるほか(行書法一の三Ⅰ④)、生活者・事業者住民にとっての地域での法的「代理」業務に励んでいる。

すでに述べたごとく、地域における法的代理業務には、法人設立準備手続や民事契約もさりながら、行政書士の名に相応しく、行政処分手続である給付・許可の「申請」や違反取締りに先き立つ「聴聞」の代理がかねて法定されていた。

その延長上で、「特定行政書士」には、行政処分手続の代理に続く行政「不服申立て」(〝行服〟)の代理権が法認されている。

しかも折りから行政不服審査法(行服法)が全面改正されて、行政部内の第三者的に「公正」な審理手続がその目玉を成しているため(後述)、特定行政書士による審査請求人「代理」の働きが改めて注目されるのだ。

とくに「審理員」の前での処分担当職員に対する口頭「質問」権の行使が(行服法三一Ⅴ)、審査請求住民の「口頭意見陳述」代理として重んじられよう。これは行政書士が伝統的な書類作成職を超えて、弁護士に似た〝口頭法律事務〟に携ることを象徴している。行服「審査会」の前での審査手続代理がそれに加わる。

もっとも、〝行服〟は「申請拒否」処分や違反取締り「不利益処分」に対する紛争法律事件なので、そうした紛争を防ぐ日常の行政処分手続代理の働きこそが、地域自治行政に接する〝まちの法律家〟らしさにちがいない。

ちなみに、街なかの「行政書士事務所」に居る「補助者」たちには、弁護士法律事務所の事務員とちがって、法定根拠があり、守秘義務を定められ（行書法一九の三）、一定の徽章を付ける仕組みになっているのである。

なお、以上について筆者が単行実務書を著していることを記させていただきたい（『行政書士法コンメンタール』北樹出版、二〇〇四年初版、二〇一七年新八版）。

（2）行政書士会による地域自治への貢献

実は筆者は、東京都立大学の定年（一九九八年）直前から東京都行政書士会顧問を務め、直後から数年、行政書士試験委員長を仰せつかっていたのだった。

「行政書士」は全員、日行連に登録するとともに都道府県行政書士会（単位会）の会員になる仕組みである（法人社員の立場は併存）。個別行政書士の業務による地域自治行政への寄与は前述した通りだが、それと並んで、行政書士会による地域貢献が知られてよい。

行政書士の地域的業務における専門性向上の「研修」およびコンプライアンス（法令順守）

の確保活動が第一（行書法一三の二、一五Ⅱ）。

加えて、市区町村役所等を場とする書類手続・法律事務の相談会に出る相談員書士の推薦、自治体の審議会・懇談会等の住民委員候補書士の推薦（委員就任は書士の個人業務ではないが）、自治体からの行政調査などの事務受託、といった諸活動。

なお、いわゆる民事法律事件のＡＤＲ（裁判外紛争解決手続）に関しては、すでに各地の行政書士会が法務大臣認証のＡＤＲ機関を樹ち上げ、一定法律事件（外国人就労や自転車・ペット事故など）のＡＤＲ「調停人」資格者を養成しえているのだが、そうした〝能力担保〟下でも調停申出者代理権を行政書士に特別法認することは、今後の宿題にとどまっている。

5　地域行政争訟の責任体制とは

行政不服審査法の全面改正と自治体〝行服〟

一九六二年いらいの「行政不服審査法」（略称、自治体筋で〝行服法〟、学界・官界では〝行審法〟）が、二〇一四年に半世紀ぶりに全面改正された（一六年度から施行）。

改正の目玉は何といっても、行政不服申立て（〝行服〟）に対する第三者的審理手続を一般法定したことだ。

自治体の「行政処分」は、すでに見てきたように住民にとって日常的に接するものなので、〝行服〟は関係行政当局に盾を突く形になり、がんらい住民が決断しにくい仕組みだったが、〝ミニ裁判〟的な第三者手続ともなれば争いやすく、かつ裁判にない〝当・不当〟の行政裁量審査を含めて期待感が高まるであろう。

そこで今次の行服法改正は、地域自治法上〝行服〟の価値を大いに高めたと言えようが、同時に改正法は各自治体での実施に当って地域自治の選択余地をも予定しているので、まずそれを見定めておかなくてはならない。

(1) 地域自治体における〝行服〟の多制度的選択

改正行服法が画一的新法制とした仕組みは、当然その通り自治体にも適用される。「審査請求人」から三か月以内に法定「審査庁」に出される行政処分不服申立てが「審査請求」に統一され、「標準処理期間」内に「裁決」にいたる仕組みがそれだ（同法二・四・一六・一八・四四）。

それに対して、改正のコアである第三者手続が、「審理員」による「審理」と「行政不服審査会」(行服審査会、行服審)による諮問審理として一般規定されたのだが、その各自治体における選択的設計はかなり地域自治にゆだねるむね法定されている(八一)。

たしかに、これまでの自治体〝行服〟の実情は、府県・大都市と小町村とで大きく異なっていたので、改正行服法の配慮はありうるところだったろうが、今後における第三者的〝行服〟の増加と市町村広域連携による処理態勢などにかんがみると、仕組み縮小的な自治体適用はいかがかと思われるのである。

とりわけ、行政部内の第三者的「審理員」が審査請求住民と処分庁との〝対審〟手続を主宰し、口頭陳述の際に処分担当職員に対する対質「質問」権の保障(三一Ⅴ)、および「審理員意見書」(四二Ⅰ)といった仕組みは、これからの〝地域行服〟の中でも重んじられてしかるべきだろう。

行服になりやすい住民生活上の行政処分には、保育園選考・福祉施設入所、生活保護、手当金交付、公の施設使用、課税・減免、などがあり、それらの〝地域行服〟で右のような第三者的審理手続が果す役割はさぞ大きかろう。

(2)「審理員」手続および行服「審査会」の地域的採否について

① 「審理員」の第三者的「審理」手続にあって、とりわけ前述した処分担当職員に対する

住民側からの口頭「質問」権は、すでにふれた代理人の働きと合わせて注目点にちがいない。それだけにまず自治体側としては、そうした独立権限行使をゆだねられる「審理員」の、処分決定に関与していない候補者名簿づくり（九Ⅰ・Ⅱ①）。総務・法務系の管理職員を主に研修に地域自治的に努めることが求められる。

ところが改正行服法では、「審理員」手続を除外できる範囲として、行政委員会や合議制諮問機関（自治法一三八の四Ⅰ・Ⅲ）のほか、「条例に基づく処分について条例に特別の定めがある場合」（行服法九Ⅰ）、を挙げている。

そこで、教育委員会への公立学校関連等の行服で審理員を除外できるのは法定されていることになるが、情報公開争訟を諮問される条例上の情報公開審査会となると、条例の定め方の如何による。

なるほど情報公開審査会は、条例に基づく非公開処分の不服審査に携わる第三者機関として実績を示してきたので、審理員の前審手続を条例で除外してもよいと考えられやすいだろう。ところが審理員手続には処分庁職員に対審する質問権の保障が含まれているわけで、情報審査会の前でそうした対審質問の場が全くなくてよいのかが、〝情報地域自治〟として問われるかもしれない。情報審査会の内規要領において、口頭対審質問の場を新設する根拠を書く方式も一案たりうるように思われる。

② つぎに「行政不服審査会」は、改正行服法が一般法定した第三者機関で（四三Ⅰ柱書き）、審理員意見書のあと、審査請求住民の「希望」意思がある場合に審査庁から諮問を受けて（四三Ⅰ⑦）、口頭審理を含む非対審的不服審理の結果を答申するわけであるが、自治法では「不服申立ての状況等に鑑み」て第三者審査機関には制度選択余地が法認されている（八一Ⅱ）。

たしかに自治体での行服「審査会」は条例に基づく設置であって、常設でなく不服申立て事件ごとに臨時設営される方式でもよいと法定されてはいるのだが（八一Ⅱ）、共同設置も予定されており（八一Ⅳかっこ書き）、町村等にあっても広域連携による規約に基づく共同設置で行服審査会を常設しておくことは、〝地域行服〟の専門的かつ第三者的な不服審査機関えらびとして適切であると思われるのである（事務局の編成や県の支援的連携をも含めて）。

また、既存の情報審査会を吸収統合する行服審査会の設置方式も、地域自治的選択としてありうるところと解されており、そこにも自治体行服らしさは認められようが、なにぶん全庁の〝行服〟と情報不服審査とは別個であるため、情報審査部会が分立したりするようでは疑問であろう。

いずれにせよ、今後〝地域行服〟の働きが地域自治法にとって注目点になることは確かである。

保育園不承諾処分に対する〝地域行服〟

二〇一二年の「子ども・子育て支援法」（支援法）という国策立法によって、保育費の国家助成体制の意味合いで「保育給付支給認定」制が規定されている。

そのあおりで、認可保育園への入園選考に関係する児童福祉法（児福法）の定めが変えられ、保育事業利用「申込み」の「利用調整」と「措置」は点在的に書かれてはいるが（二四Ⅳ・Ⅲ・Ⅱ）、認可保育園「申込み」に対する不承諾通知が行政処分かは解釈にゆだねられている。支援法に基づく「支給認定」が行政処分であることは自明として（同法一九Ⅰ、二〇Ⅰ～Ⅳ）、児福法下の認可園不承諾通知も〝行服〟に出せる処分であることが通知書上「教示」されているようだ。

時あたかも改正行服法の施行が二〇一六年度からだったので、審理員と〝行服審査会〟（行服審）による第三者的審理手続への期待感から、入園不承諾処分を本格的に争う「審査請求」は増えている。

入園「選考」はかねて、点数制等が定められた利用調整基準表に基づいて市区町村で判断されていたので、不承諾処分に対する〝地域行服〟にあっては、そうした「選考基準」とその適用のされ方、さらには「待機児童対策」計画に関して、〝合違法〟のみならず〝当不当〟審査が求められうる。取消訴訟の裁判にはない「不当」処分の争いが行服では可能なことが（行服法一Ⅰ）、かなりクローズアップされよう。

そこにおいて、認定保育先の種別が、幼保一元の「認定」保育園のほか、小規模保育所や家庭的保育事業（保育ママ）等に広げられている仕組みの適用面も、待機児童対策の当否にもからんで問われえよう。

保育園選考が地域住民生活に直接かかわる〝地域行服〟のテーマらしさを示す所以である。その行服が集団化するほどに、専門性のある代理人への期待も高まると予想される。法律・行政の専門代理人職として注目されるのが、すでに述べた「特定行政書士」にほかならない。

もっとも実際の、行服審による保育園不承諾処分の当否審理が難航しやすいことも分ってきている。

認可園の空き定員なしの「待機」処分の場合、断続する選考プロセスにおいて、認可外保育でも保護者が就業するにいたって、長びく第三者不服審査が目的を達しなくなったり、処分有効期間が切れる次第ともなる。

0歳児定員下の入園競争が当然激しく、〝きょうだい同園〟も関連争点となり、選考基準点数の自治体差が「不当」主張されると、その地域自治裁量権の範囲にかかわるという難題を成す。

さらに、「待機児童」の公的定義が認可保育園に限られた場合と、他保育事業や潜在需要者までを含めた定義とで、対策計画の当否判断が全く異なってくる。

そうしたことで、行服審「答申」では、問題の対立争点はあるが、けっきょく審査請求は「棄却」されるべきであるとする例が多い（審理員意見書・審査庁裁決書も同旨）。中には、「待機」処分通知書の「理由付記」が不十分で形式的違法ありとする「認容」答申も出されている（杉並区行服審平二八・一〇・二五、総務省データベース収録）。

沖縄県と国の辺野古基地争訟の行政法的検討

沖縄米軍普天間飛行場の辺野古沖移転をめぐる県と国との争訟問題は、行政法的に不思議な展開を見せている。しかも、公有水面埋立てにかかる水法・特殊法と地域自治法の問題はらみで、〝地域行服〟および後述する国「関与」訴訟の複雑きわまりないプロセスに進んできたわけだが、ここでは基本法制問題の検討にしぼって記述したい。

(1) 海水「埋立承認」取消処分の争訟問題

普天間基地移設に必要な国の沖縄防衛局(防衛局)による辺野古沖の公有水面埋立ては、仲井眞沖縄県知事の「承認」を得たが(二〇一三年一二月)、後任の翁長知事(県知事)によってそれは違法だったとして「取消し」処分を受けた(二〇一五年一〇月一三日)。

これに対し防衛局は埋立工事者として、公有水面埋立法(公水法)所管の国土交通大臣(国交大臣)に、行服法にいう「審査請求」をし、執行停止決定を受けて(二〇一五年一〇月二七日)、「承認」の効力を当面維持したのだったが、県知事は国地方係争処理委員会(係争委)に「審査の申出」(自治法二五〇の一三Ⅰ)をし、国・防衛局は私人とちがう「固有の資格」(行服法七Ⅱ)なのでそもそも行服はできないはずだと主張している。

係争委の決定(二〇一五年一二月二八日、自治法二五〇の一四Ⅱに基づく)は、国・防衛局は「一般私人と同様の立場」だと認めた国交大臣の判断が、「一見明白に不合理」とまでは言えないと記している。

たしかに、その争点に関する行政法的検討は難事であるにちがいない(以上の経緯および防衛局の行政「固有の資格」性を唱える多くの行政法学者の解釈につき、紙野健二・本多滝夫編著『辺野古訴訟と法治主義――行政法学からの検証』日本評論社、二〇一六年、二二六頁・二三九～四三頁、参考)。

さて改めて、米軍基地にかかわる水域管理はともかく、公有水面埋立地を提供するには、物理的に公水法に基づく「埋立工事」の法制度に依らなくてはならない。

公水法では、「埋立工事」は都道府県知事の「免許」制を原則にしつつ（二Ⅰ・Ⅱ⑤）、国の「埋立工事」は同知事の「承認」制だと定める（四二Ⅰ）。埋立地の所有権取得は「工事竣工」認可日を原則とされつつ（二四本文）、国の工事竣工は知事への通知事項だとされるのだが（四二Ⅱ）、免許要件と承認要件は同一と法定されている（四Ⅰ、四二Ⅲ）。

そこで、埋立工事をする国（防衛局）の法的立場が、他の埋立工事者とどれほど異質的なのかの解釈の分れがあり得、それには公有水面支配権者（公所有権者）である国（公水法一Ⅰ）との異同もかかわってはいる。

たしかに、公有水面埋立ての法定要件の第一に、公水「利用上適正且合理」性（四Ⅰ①）が挙げられ、普天間基地移設では日米安保・防衛・外交上の公益性が主張されているのだが、「埋立工事」はおよそ埋立地造成に物的に共通する必須手段なのであって、それに伴なう水域「環境保全」策の必要性は、漁業権補償を含めて、要件の第二に等しく法定されている（四Ⅰ②・Ⅲ、五②、六Ⅰ）。そしてこの二つの要件条項は、免許された民間の埋立事業者および県自治体の埋立工事にあっても共通適用されるのである（第二の環境保全面は全く同一的、第一の埋立地利用の公共性も物理的見地に立って公民それぞれに）。

とするならば、米軍基地用の国「埋立工事」にあっても、公水法上の国・防衛局の立場は、埋立事業者である民間企業と物理的に共通するところと解することができ、筆者の地域自治法学・自治体法学ではその点は押さえてよいポイントだと考えるのである（行政法学説の中では、角松生史「固有の資格と対等性」法律時報二〇一五年一一月号四三～四頁が、興味深い）。

そこで、国・防衛局の埋立工事者としての立場は、自治体や法人国民のそれと同質で、国も自治体も埋立て「免許・承認」関係処分に行政不服申立てをすることができる点、行政主体「固有の資格」ではないと解される（埋立工事者である国や自治体は、公有水面支配権者の国とは異質だと解するのが正しい。また、県知事の埋立承認権は後述する第一号「法定受託事務」であるため、そこでの審査請求は自治法二五五条の二第一項に基づき公水法所管の国交大臣あてになる）。

であるならば、本件県知事の埋立承認取消処分に対する審査請求につき、審査庁・国交大臣は「裁決」によって決着を付け得たはずである。ところが、そうした〝行服〟決着では政治効果が不十分と考えた安倍政権側は、次項に論ずる国「関与」訴訟へとシフトしていく次第となった。

(2) 国と県の「関与」関係訴訟の推移について

ところで、翁長県知事は、さきの係争委決定のあと福岡高裁那覇支部に「国の関与に関する訴え」を提起したのだった（二〇一六年一月、自治法二五一の五Ⅰ①）。

それと対抗関係にある国・国交大臣は、埋立承認取消処分の「是正の指示」を出したのち同裁判所にすでに「代執行」訴訟を起していたのだった（二〇一五年一一月、自治法二四五の八Ⅲ）。なるほど、埋立承認行政は第一号「法定受託事務」なので（自治法二Ⅸ①、公水法五一①）、大臣と県知事は双方からの国「関与」訴訟が可能なのだが、右高裁支部は、国交大臣が取消裁決権の行使で紛争決着ができるから訴え不適法だとは判決せずに（たしかに事の性質上県知事側も主張していない）、訴訟合戦を収束させる和解勧告を出し、両当事者とも訴えを取り下げて協議しつつ、解決をめざす新「関与」争訟に集中する旨の和解条項が含意されるにいたった（二〇一六年三月四日。前掲・紙野ほか編著書二四四～五頁、参考）。

和解に沿う関与争訟はその後、承認取消処分の是正指示、係争委決定（二〇一六年六月二〇日、知事申出排斥・真摯協議の勧め。前掲書二五八～六二頁）、国交大臣から県知事への「不作為違法確認訴訟」（同年七月二二日）、福岡高裁那覇支部判決（同年九月一六日、訴え認容）、最高裁第二小法廷判決（同年一二月二〇日判例地方自治四一八号一〇頁、県知事上告棄却）、へと進んだ。

右の最高判も、国交大臣の裁決権問題にはふれずに、前知事の埋立承認は法定一・二号要件を充たしていて違法不当でなく（普天間基地公害の縮小等の一号要件、環境影響軽減検討の二号要件とも、判断に特段の不合理なし）、上告人知事は違法な「承認取消しを取り消す義務を負う」

と判示している。

その後県知事は判決に服して埋立承認取消処分を取り消し、前述した行服問題も消えたため、沖縄防衛局は辺野古沿岸沖の埋立工事を再開・推進しだしている。

しかしながら、翁長知事側は、県内の辺野古基地増設反対運動をふまえつつ、工事差止訴訟・仮処分申請および埋立承認の事後「撤回」処分という姿勢を示しており（その主張理由は、岩礁破砕許可期限切れを主に、米軍基地工事の沖縄自治権侵害論を含めて）、基地移設紛争は早く収まりそうにはない。

もっとも、地域自治法らしい基地訴訟としては、国「関与」訴訟などではなく、地元自治体と住民による基地移設に伴なう生活環境障害を防止する目的の差止訴訟や国家賠償訴訟が挙げられるのだが、その実効性も実際上定かとは言えない（そもそも、米軍基地設置自体を争う本来的な国内法制上の手続は存していない）。

さらに、辺野古移設を問う県民投票の動きも生じているが、沿岸沖埋立てをめぐる行政争訟の前記動静は、地域自治にかかわる各論行政法の難点を明るみに出したことで、注目され続けてよいであろう。

政策法務からみた自治体争訟

自治体の政策法務は、条例・要綱の自治立法やその行政執行をめぐる法解釈サポートにかかわり、行服および住民側からの裁判においては、その合法主張で勝っていく地域自治責任を担う。

かねて訴訟法務・訟務は、法技術専門の見地から弁護士に訴訟委任することを基本にしていたのが、政策法務として臨む後述の〝政策訟務〟にあっては、これも後述する「指定代理人」職員を主体とする地域自治責任体制に変ることが求められよう。

改めて、政策法務下の争訟対応では、自治体行服・裁判の地域自治政策的な評価に立つ。もとより、法技術専門性を低くして自治体行政が敗退することは、合法責任態勢ではないが、自治政策をふまえた〝自主解釈〟を含めて地域自治責任をかけて争訟に臨むことが、〝政策争訟〟として求められよう。

その場合、行服の第三者審理と司法裁判の当事者である自治体法人の処分庁等をサポートする政策法務担当は、〝合違法〟審査に、地域自治法に立つ十分な「判例研究」等をふまえて備えるほか、行服上の〝当不当〟審理において、地域政策裁量権の有効な主張を助言できるのでなくてはならない。

しかしながらもし政策法務担当が、第三者的な行服・裁判に臨む処分庁等の主張に地域自治行動として難点が大であると認める場合は、主張・争点の変更を助言することもありえよう。

さらには、後述する〝政策訟務〟に努めたにもかかわらず裁判で自治体が敗れた場合に（敗訴判決未確定を含む）、それを面子にこだわらず住民の救済措置と関係行政改革とに十分生かそうとする、政策法務の助言役割が存する。これは政策評価法務の働きと言える。

こうしたケースはすでに、障害児の保育保障など関連課間との協議テーマや、公園遊具の安全対策不十分を機器製造事業者に提起する、などにも例示されている（以上につき参考、前掲『政策法務の新しい実務Q&A』九八～九頁・一二六～七頁）。

〝政策訟務〟というもの

自治体裁判（提訴と応訴）を地域自治政策として位置づけ、政策法務的にかかわっていこうとする訴訟法務は、〝政策訟務〟と呼ぶに値いしよう。

もとより、勝訴をめざすのが住民全体に対する地域自治責任にちがいないが、最高裁の確定判決にいたるかなりの年月の間、いかに地域基本政策に根ざして裁判対応を予定していくかを決める必要がある。

そのためには、在来の弁護士委託訟務を超えて、適任弁護士（任期付職員弁護士を含む）と「指定代理人」職員を主体にした「訴訟対策会議」を中心に、つぎのような準備・展開が求められる。

自治体の出訴や和解に要る議会議決を求めるのにも、政策訟務の観点からの理由説明がだいじだ。

その際に訴訟予算が関連しようが、在来の一括委託訟務よりも多額とは限らず、むしろ政策訟務の予算額説明には、つぎのような訴訟計画の裏付けが適宜に挙げられうる（住民監査請求・訴訟のターゲットであるにしても）。

〝政策訟務〟らしい訴訟計画をシミュレイトしてみよう（相手方への秘密保持の件は、従前訴訟よりも性質上緩和されると目される）。

①　訴訟の準備（提訴事件を主に）

首長の政策的リーダーシップの下、裁判方針を樹てていく（議会説明を含めて）。有意の研究者を入れた課題検討会等も求められうる。

②　訴訟展開計画

「訴訟対策会議」（受任弁護士・指定代理人職員・政策法務担当その他協力研究者等）により、自治立法事実・係争措置理由を裏付ける証拠固めをし、ダイナミックな立証計画を図る。

③ 主体的・積極的な訴訟手続参加

訴訟対策会議に基づき、地域自治的法解釈（自主解釈）の研究・開発（学説・判例研究、ときに地域フォーラム・報告会をも開催しつつ）および適切な書面資料（鑑定書・意見書を含む）に基づく主張・立証活動を、争点形成に即して展開する。

④ 地・高裁判決をめぐる上訴ないし和解

政策法務的評価・判断により、必要な議会議決を得て決する。

⑤ 最高裁等の確定判決への評価法務

訴訟対策会議での総括にはじまり、地域自治的評価と善後策に努める（議会・住民報告・記録出版等を含めて）。

右の政策訟務における主役に、「指定代理人」職員が位置づくのは当然だが、その法律的根拠には問題点もある。

首長の事務執行権限の委任（自治法一五三Ⅰ）に依ることが、訴訟代理の法律的根拠（民訴法五四条一項本文による）として万全とは思われないのだが（分権改正で法務大臣権限法二条二項の「行政庁」職員の訴訟代理条項は自治体には不適用）、すでに長年の裁判所による是認で〝慣習法的状況〟と解されるので、「指定代理人」職員は誇りをもって訴訟行為をしてよいのである。むしろ、人事異動後も兼任・併任扱いが望ましい。

なお、〝法律鑑定〟を司法裁判所が望まない傾向は当然としても、各論行政法である〝地域自治法〟や各〝特殊法〟といった新しい専門法分野に関する〝鑑定意見書〟は、現に書証として裁判所も重んじているようで、その必要度は小さくないであろう（以上につき、前掲『政策法務の新しい実務Q＆A』一〇八頁以下、参考）。

V

住民協働が左右する地域ガバナンス

1 地域自治における「住民協働」原則

「自治基本条例」は地域自治立法のシンボル

二〇〇〇年の北海道ニセコ町まちづくり条例にはじまり、〇二年杉並区いらいの「自治基本条例」は、そのご全国の市区町・道県に広まっている（すでに二〇一五年で三二九）。

憲法保障されているはずの〝地域自治体〟は、自主・自立的および総合的に地域自治の責任を果すのでなければならない。そのシンボル的方式が、各〝自治体の憲法〟だと称される「自治基本条例」づくりであって、そのプロセスと中身とに地域自治法の特長が表わされている。

今や似かよったプロセスと中身が多くなってはいるが、おのずから地域特性を反映した多制度化が見出される。

〝憲法条例〟とよばれても、その形式は直接憲法に基づき法律からは独立した最たる〝自主条例〟にほかならない。

憲法条例らしい立案手続として、多制度な「公募委員」を主とする住民参加会議をベースに、最たる住民協働プロセスを示してきた（その一端につき、拙稿「自治立法と住民」『シリーズ自治体政策法務講座1　総論・立法法務』ぎょうせい、二〇一三年、二六九～七〇頁、参考）。その「改廃」に住民投票を要するとの定めも多い。

「最高規範」条例だと書かれており（杉並区三一、川崎市二Ⅰなど）、その意味合いはというと、首長交代をまたいで有効な地域自治原則を定めたその〝原理内容的効果〟として、他の自治立法指針と法解釈基準であることと解されえよう。

のちに論ずる「議会基本条例」を含め、個別基本条例をも体系化する〝最高条例〟のことはすでに述べた。

自治基本条例にいう「住民協働」

自治基本条例が書くのは、たんなる政策理念でなく、首長交代をまたぐ長期にわたる〝法規範原理〟として、各自治体の総合的な地域自治原則なのである。

①　「住民主権」と「住民協働」の原則

まずは「住民主権」を、国民主権の転義として書き（杉並区条例前文など）、住民が自治体設置の原理的な主体だと表明する（川崎市四①）。

「住民協働」の原則はそれ以上に普及しており（杉並区二五、川崎市五Ⅰ③など）、住民および自治体が「対等に協働」して地域自治を行なうことだと書かれる（パートナーシップの表現も使われる）。

ここで実は、政治学・行政学で重んじられる〝市民自治〟主義にちなんで、「市民」に特別な意味づけをする基本条例もあるようだが、地域自治法制論としてはあくまで法用語に徹すべきゆえ「住民」が基本であって、「市民」は市の住民を指すとしなくてはならない。

② 住民・事業者、議会・議員、首長・職員の自治遂行責務

住民と事業者には権利・義務も書かれ、議会・執行機関の編成原則と運営責任が基本規定され、その定め方には地域多様性が示される。

行政「評価」やオンブズマンその他の苦情処理組織を取り上げる場合もある。

③ 「住民協働」の行政手続的しくみ

「住民協働」原則をお題目にしないようにと、その地域自治手続上の現われを項目立てしている。

情報公開原則、会議公開・審議会住民委員、まちづくり参加、パブリックコメント、住民投票など、のちに論ずる。

〝諮問〟住民投票を常設化する定めも少なくないが、その投票請求手続を含めて多制度である。

それ以上に、こうした「住民協働」手続の効果を踏まえて、公選首長の〝地域協治〟ガバナンス（後述）の責任が問われるようになっている。

④　災害対策と安全まちづくり

かねて緊急災害対策と防災を含む「危機管理体制」が、安全まちづくりの原則として書かれていたが、今や大震災・原発事故対策として大いに重要になっていよう。

2　地域自治を担う住民のいろいろ

自治体「住民」を内訳すると

自治法では「区域内に住所を有する者」を「住民」と定義している（一〇Ⅰ）。民法上で「住所」とは「各人の生活の本拠」とされ（二二）、居住者住民は市区町村に届け出て世帯ごとの「住民票」を記載されると、その写しで居住証明できる（住基法六Ⅰ、八、一二Ⅰ）。

この住民票住民に、二〇一二年から在留カードを持つ「外国人住民」が加わり（同法三〇の四五）、異民族共生の時代となった。

他方で、大震災原発事故の被災自治体から長期避難した人たちが、転出入届なしで「避難住民」の届出を避難先自治体にすると、特例行政サービスを保障され（後掲法六Ⅰ・Ⅱ、一〇）、また「住所移転者」には逆に避難元自治体から行政通知が続けられるもの、と法定されている（二〇一一年・原発災害避難住民事務処理特例法、略称）。これは特別法による住所多制度化だ。

ところで、今日の〝地域自治法・自治体法〟における〝住民〟はまことに多制度になってきており、住民票住民のほかに、協働地域住民としていろいろ分類されうる。

生活者〝地域住民〟とその団体

「地域住民」というのは、すでに法律用語・判例用語であり、地域自治法のキーワードでもあるはずだが、常識的には地域の〝生活者住民〟の総称だろう（個人事業者はその一面を保有する）。

生活者〝地域住民〟にとって、すでに論じた市区町村の基礎自治行政サービスを受け、その応益税を分担することが自治法制的に肝要にちがいない。

他方、地域住民にはさらに、在勤・在学者という〝昼間住民〟が含まれ、近時は広域防災協力者や災害時帰宅困難者などと行政上位置づけられている。

つぎに、生活者地域住民の団体・法人として、生協・消費者団体や保健・福祉・教育文化・宗教団体などがあり、後述する「新しい公共」を担うＮＰＯやボランティア団体が、ここで特筆されてよい。

実は、これらの団体・法人も、届出ないし登記（一般・公益法人法、組合等登記令）された主事務所の属する区域に「住所」を持つ自治体「住民」に含まれる。地域生活者団体住民とよべよう。

とりわけ、自治法上の「地縁団体」法人にもなりうる町会・自治会は、包括的な地域生活者住民の団体として日常的なコミュニティ行政にかかわっているのは公知だろう（後述）。

事業者住民とその団体の位置づけ

事業者の法人とその集合的団体も、登記ないし届出された主事務所（商業登記法、一般法人法、各種組合関係法制）を住所とする自治体「住民」に含まれるので、広い意味で地域事業者住民とよべよう（のちに詳述）。

その自治体とのつながりは、つぎに述べる納税者住民の場合が多いほか、住民協働自治において生活者住民とのちがいが目立つところである。

住民「直接請求」条例との結びつきが少ない半面、議会「請願」へのコミットが、農協・商店連合会など多いと知られるのは、紹介議員とのつながりが有りやすいからであろう。

納税者住民と自治体法

地方税法等に規定された納税者住民には、生活者・事業者の両方が位置づき、ともに先述した〝応益税〟を分担する際に、受益行政のちがいが課税の中身を左右しており、自治体法上大いに注目されよう。

地域生活者住民の生活収入にかかわる「住民税」や「固定資産税」（住宅地軽減特例を含む）が、地域自治的に肝要なのはもとよりだが（住民団体には公益的非課税も少なくない）、地方税の納税者としては、地域事業者住民の方が自治体財政への地域貢献度が高いにちがいない（共済組合団体には公益的非課税があるとしても）。

法人住民税および法人事業税は、事業所・事務所を住所として課され、固定資産税は、土地・家屋の登記名義法人と償却資産台帳上の所有法人に課される。

それに対して自動車税・軽自動車税を「定置場所」の自治体に納付するのは、事業者も生活者も同様で、ただその行政応益性に差があることが、「地方共同税」化する場合に問われうるであろう（前述）。

参政権者住民と自治体法

国・自治体の公職選挙の選挙権者は、満一八歳以上の日本国民で三か月以上の市区町村民である者と法定されており（公選法九Ⅰ〜Ⅳ、一八歳年齢は二〇一五年改正）、〝有権者〟住民とよばれ、「直接請求」権の住民が同様だ（自治法一二・一三・七四Ⅰ）。

特別法定の決定「住民投票」の有権者にも同一要件が規定されている（合併特例法四XIV、大都市地域特別区設置法七Ⅰなど）。

それに対して自治体法上、条例に基づく〝諮問住民投票〟にあっては、右の有権者住民をこえて、地域自治策として外国人住民や一八歳未満の未成年者にまで投票権が多制度に保障され出している。

諮問住民投票に関しては後述するが、投票権者の多制度をここで取り上げておきたい。

永住外国人と当時一八歳以上の未成年者を加える投票条例が二〇〇二年から始まり（高浜市、〇三年・広島市など）、ついで常設住民投票を一六歳以上とする例を生じ（〇六年・大和市）、合併住民投票に中学生を加えた例もあった（〇二年・長野県平谷村）。

「外国人住民」の地域共生的な立場

先述した二〇一二年からの「外国人住民」の住民票記載は、〇九年の住基法改正（三〇の四五）に因り、特別永住者に加えて、入管法に基づく三か月以上の滞在で「在留カード」を持つ在日外国人が転入届をし、市区町村が発する世帯単位の住民票写しで居住証明できるようになったことを示している。いわゆる番号法に基づく「個人番号」も指定・通知される（七Ⅰ）。この外国人住民の地域的共生について、地域自治法として通覧しておくべきだろう。

① がんらい「外国人住民」も、地域生活者・事業者にほかならない。地域居住者として、いろいろな福祉・保健、公共施設利用などの基礎自治行政サービスを保障され、応分の費用分担をする。また、商店・事業主として許可営業を行なう立場もある。ここで、前述した〝まちの法律家〟と言われる「行政書士」とのつながりが注目されてよい。入管局への外国人本人出頭を省ける「申請取次」行政書士の働きが知られ、事業免許・許可や生活保護・国保等の申請代理も有用にちがいない。

② 地方税の納税者としては、課税要件に当る以上、外国人・法人も税分担義務を負う（自

治法一〇Ⅱ)。それも、住民税・事業税や、固定資産税・自動車関係税など多種にわたる。

③　国家戦略特別区域法(二〇一三年法の一五年改正)に依る「特区」活動として、外国人医師の診療所勤務や家事代行できる外国人資格を拡大することが公認され、国際イノベーション策だとされる。

④　かねて自治体議会への「請願・陳情」は、在日外国人の団体にも認められてきており、加えて近時、諮問住民投票の投票権者に「外国人住民」を入れる条例化がなされつつある(既述)。

それに対して、公職選挙や条例請求等にあっては、権利者は日本国民のみと法定されてきたわけだが、自治体選挙権については、法律改正によれば外国人住民を含めても合憲であるという最高裁の解釈判例(平七・二・二八)が存している。

そこで、法律では枠付け要件のみを定めて、自治体条例での制度採択を認めるならば、地域自治的な多制度にもなりえよう。

外国人参政自治の必要は、外国人が集団居住する地域状況に多くかかわるところと目されるのである。

3　〝住民協働自治〟を表わす多制度

住民による参加・参画・協働

自治基本条例の定めをはじめ今日の地域自治法制において「住民協働」と称されるとき、行政対応での現実態はさまざまながら法的仕組みとしては、日常的な行政「参加」から自治事項への「参画」手続をへて「協働」決定、という三レベルにわたると認められる。その多制度の具体像はのちに適宜取り上げるとして、まずは三つの類型を概観しよう。

(1) 住民参加 (日常的行政参加)

主に基礎自治体の個別行政措置の手続で住民個々人の意思を反映させる日常的な場面なので、運用面での多制度状況である。

第一に、生活者と事業者で実質がちがうとはいえ、許可・給付処分の申請ないし不利益処分の聴聞や、苦情申出その他「不服申立て」などを通じ、関係住民が自分の権利利益を守るのに伴なって、行政改善の成果をもたらしうる場面がそれだ。

第二に、行政による「説明会」やパブリックコメント（意見公募手続）における住民意見の表明や質疑がある（パブコメについては後述）。住民アンケートメールや市政モニターも、ここに加えよう。

第三に、情報公開請求・不服争訟や、委員会・審議会の会議傍聴が、行政監視的参加として挙げられる。

(2) 住民参画（行政の施策・計画に有力な影響を与える手続的関与）

生活者住民による、法令・条例に基づく事業規制を求める申出、まちづくり計画案づくり等におけるワークショップ方式やパブリックインボルブメント（PI。都計法に基づく都市計画提案権など）、町会・自治会、消防団、社協・シルバー人材センター、ボランティア団体などの行政受託活動、審議会・懇談会等の住民委員や、相談員・美化推進員等への就任、など。

それに対し、建設事業者によるPFI契約での公共事業参画（後述）、商工団体を通ずる行政業務委託（防災・地域福祉への貢献を含む）、がある。

併せて、自治体財務の責任を追及する「住民監査請求・住民訴訟」は、広く住民に認められてきた自治法上の参画制度にほかならない（その多制度化の実相については、前掲『変革期の地方自治法』一五〇頁以下、参考。なお、二〇一七年改正で「住民訴訟」の是正が図られる）。

（３）住民協働（行政とともに住民が行政の内容決定をする仕組み）

（２）の住民参画もその実績がハイレベルになれば、「協働」の一場面になりえよう。

それ以上の法的仕組みとして、自治法所定の条例請求・役職リコールなど「直接請求」制のほか、今日的に主要な「協働」の第一は、つぎに論ずる「住民投票」条例であって、個別自治テーマに作動するが、自治基本条例で「常設型」も規定されている。

第二の協働パターンは、「公の施設」の「指定管理」で、ただし生活者住民団体によるコミュニティセンター管理と、事業者住民の事業的施設管理とでは、地域自治の役割がそうとう異なる。

さらに第三の住民協働が、具体的な自治体組織改革にわたる場面として生じうるところの、議会や首長の自治執行に対する住民アプローチである（後述）。

その場合、住民協働の実績が地域自治を多元的な〝協治・地域ガバナンス〟にしていく方向性が見え出している今日では、公選首長と議会の〝地域協治〟責任につながるほどであると言えよう。

そのように想定すると、わたしたち生活者住民は、地域自治への参画・協働に責任を持てるようにしていくために、日頃からライフ・ワーク・バランスを含めて時間的準備をする必要があるほどではないだろうか。それなしに時間の余裕がないでは済まされないのが、今日的な地域協働住民なのである。

〝諮問住民投票〟の地域自治的意味合い

改めてまず、法定の〝決定〟投票と自主条例を主にする〝諮問〟住民投票との区別を確認しなければならない。

この区別は、英語でビンディング・ボートとアドバイザリー・ボートと表わされてきたもので、後者は条例上で、投票結果に法的拘束力なく政治的決定権者が尊重ないし参考にすれば足りる、というものだ。

それでも、投票事項によっては事実上の効果が大で合法性に問題がありうるとかつては言われたが、今日の「政策法務」時代では、〝諮問〟住民投票条例の合法解釈は原則的に固まっている。

それ以上に、自治体政治選挙がオールラウンドなのに対して住民投票は、常設型を含めて実施されるのは必ず地域自治の個別テーマに限られ、しかも〝諮問〟投票なるが故に各自治体の決定事項でなくても地域自治テーマであれば合法に成り立ちうる。

かくして、九〇年代末の試行段階を経て（原発・米軍基地・産廃処分場の投票。前掲『新 地方自治法』六八頁、参考）、諮問投票条例による多制度化が進んできている。
投票権者が公職選挙権者をこえて外国人・未成年者に多元化していることは前述した。投票事項は地域自治テーマの二者択一で、内容上は多様に設定されえているが、特定地区の利害が強すぎると全体投票には向かないので、住民投票条例自体が「直接請求」をはじめ地域争点にもなってきた。

二〇一三年小平市の都道建設計画にかかる市民投票に有効投票率二分の一が定められ、それに達しなかった投票が開票されずじまいになったことも合法と判示されてはいる（東京高判平二七・二・四）。

しかしほんらい〝諮問〟住民投票に「有効投票率」は仕組み的に不適切で、投票結果に示された住民意思を政治部門に受けとめさせればよいはずだ（むしろ地区別投票結果の多元的公表制も考えられ、またいずれにせよ投票結果が全投票権者の過半数だったかが現実には大いに注目される）。そもそも地域常識として、住民多数を投票所に行かせておきながら、開票もしないというのは失礼千万ではないか（強く言えば、不開票は住民の投票権の侵害で違法とも解される）。

パブリックコメント（パブコメ）とは

二〇〇六年国の行政手続法が改正され、政・省令や行政処分・指導の方針等（「命令等」）に関する国民からの「意見公募手続」を規定するにいたった（第六章）。自治体に対しては、「法律の趣旨にのっとり」自治的措置を講ずる責務が書かれている（四六）。

ところがかねて自治体では、意見公募がパブリックコメント（略称パブコメ）とよばれ、二〇〇〇年滋賀県「要綱」から〇一年横須賀市「市民パブリック・コメント手続条例」などとして、地域自治立法の動きがはじまっていた。

そこで自治体筋では、必ずしも行政手続条例の改正でなく、独立条例か内規「要綱」かでパブコメを根拠づければよいという考え方になっている。

そのパブコメ対象は、地域自治の重要な定めをする原案段階の条例・規則・要綱や総合計画等となっており、ほぼ三〇日以内に「住民等」から「意見提出」を求めるものとされる。

ここでだいじなのは、行政対応のあり方であって、住民意見に対する自治体行政の見解および原案修正理由の公表であろう（その中身がかなり条例・要綱に多様に書き込まれている）。それによってパブコメへの住民評価が左右される。

実はつぎに取り上げる住民参加会議の答申類はパブコメ対象外とされており、それには理由があろう。

ところが、商工会議所（市）と商工会（町村）には行政への意見具申権が法定されているので（商工会議所法九①②等）、並行させてよいが、旧来慣行だった町会自治会等への意見照会を特に重んずるのは、パブコメの公式性に沿わないと解される。

住民利益代表制審議会づくり

周知のように、国の行政審議会では、専門有識者の中立公益判断と、全国団体代表の社会的主張を重んずる傾向が著しい。

それに対して、自治体行政上の「審議会」や〝懇談会〟にあっては、いろいろな〝住民委員〟が主で比較少数の学識経験委員（〝学経〟）を加えているのが普通だろう。

条例に基づく常設の「審議会」は自治法上の組織的な「附属機関」（一三八の四Ⅲ）であり、臨時的で機動性を要する〝懇談会〟は内規「要綱」に基づく住民参画「手続」でよいように解されるが、いずれも地域自治の住民協働にふさわしく、〝住民利益代表制〟を主にした委員構成に向っているように認められる。その組織編成にこそ、地域自治における〝公益は私益の総和である〟ことが象徴されうるのだからだ。

そこで、条例や要綱で委員構成を書くに当って、各会議ごとに、いかなる〝利益代表分野〟がその地域でいかに分布しているかを過不足なく見定めることが肝要であろう。

生活者住民と事業者住民の代表が、消費・保健福祉・教育文化・労働と各種産業・農商工の分野別、および〝公募住民〟委員として、自主的に選出・選任されなければならない（行政による委員選考手続には情報公開が請求されうる）。

現に、消費者審、社会福祉審、個人情報保護審、まちづくり審などに、住民利益代表審議会の実態が目立っていよう。

問題は、〝利益代表住民委員〟間の議論と意見調整が不十分で答申の結論が両論併記や多元的というのでは、地域住民協働の意味をなさないことだろう。

いかに大変な地域課題でも、何とか委員間の対立意見調整に努めての統一答申にし上げなくてはならず、その場合〝学経〟委員の専門的・調整的なサポートが意外に大きく働らく。

そして、のちに論ずるごとく、こうした住民利益代表審の答申を踏まえた〝地域協治〟の総合的責任が、公選首長に期待されるのである。

「教育委員会」改革と住民協働

二〇一四年の地方教育行政法（略称。〝地教行法〟も）改正によって、自治体首長と教育委員会の間柄にかなりの変動がもたらされた。

「教育の政治的中立性」確保に任ずる合議制教委と公選首長との関係は、かねて問題はらみではあったが、今次の改正は、公選首長の総合的教育行政責任を表て立たせようとする主旨で、これはたしかに地域自治の重要テーマであって、結果として教育行政の自治政策的な多制度化が生じうることともなっている。

改正法の施行後は、常勤の教委代表となった新「教育長」を首長が任命でき（四Ⅰ、一三）、教育施策「大綱」その他いじめ事件対応などの教育緊急措置を教委と協議する「総合教育会議」を首長が設置し招集できる（一の三Ⅱ、一の四Ⅰ〜Ⅲ）。

ここで、教育行政と「住民協働」自治原則とのかかわりが改めて問われる。

かねて教育委員人事への住民参画が論じられ（〝準公選〟問題）、住民が傍聴できる会議の原則公開は規則で定められてきた。「総合教育会議」の原則公開は法定されている（一の四Ⅵ）。

それ以上に、教育行政が各〝学校の自治〟をベースに公正に成り立ちうることにかんがみると、学校自治への住民協働が肝要にちがいない。

すでに地教行法下では、各指定公立学校には教委規則によって「学校運営協議会」を置くことができ、その委員には保護者のほか「地域の住民」等が入るものと規定されている（四七の五Ⅰ・Ⅱ。二〇〇四年から）。仕組みはかなり限定的だが、同協議会は各「学校の運営に関する事項」について、校長や教委に意見具申できるので（同上Ⅳ）、住民協働の学校自治にとって象徴的と見られよう。

住民団体によるコミュニティ行政活動

早くに政府文書において、「地域における住民サービスを担うのは行政のみでな〔く〕、住民や、重要なパートナーとしてのコミュニティ組織、ＮＰＯその他民間セクターとも協働し、相互に連携して新しい公共空間を形成していくことを目指すべきだ」とされた（二〇〇三年・二七次地制調答申）。

ここでは、住民協働のコミュニティ行政の第一として地区公共施設の指定管理、ついで第二に、いろいろな地域生活者住民の日常共同活動に及びたい。

(1) コミュニティセンターの住民団体「指定管理」

とくに都市部の市区町における地域コミュニティの拠点施設であるコミュニティセンター（コミセン）は、早くから都市住民の日常生活にかかわる、集会場・ロビー・学童保育室・老人いこいの家などの共同利用施設として、〝地域自治の草の根〟とされてきた。

そこに二〇〇三年の自治法改正で「公の施設」の「指定管理」が規定されたため（二四四の二Ⅲ）、かねて管理受託していたような地元住民団体が「指定管理者」に指定されるにいたっている。これも、先頃の行政民営化・アウトソーシングの一場面なので、自治法制としてだいじにちがいない。

しかしよく知られてきたとおり、公の施設管理は住民の平等利用権を公正に保障できるのでなくてはならないので、指定管理者の住民団体は、地元の町会・自治会だけが優先されるのでなく、民生児童委員・老人クラブ・PTA・サークル団体・NPOなどが連帯した地域住民組織がそれとして指定される必要がある。

(2) 生活者住民団体による行政受託活動

かねて自治法が規定していた「公共的団体」（一五七Ⅰ）の伝統的なコアは、町会・自治会にちがいない。

一九九一年改正で新設された「地縁団体」は、「地域的な共同活動」を予定される地区住民組織で（二六〇の二Ⅰ）、「住民相互の連絡、環境の整備、集会施設の維持管理」を行なうため、地区内住民の全員参加が予定されるので（同上Ⅱ①③）、町会・自治会が主たる候補になる。「地縁団体」法人の市区町村認可は、集会・事務所等を不動産所有できる効果につながるわけだが（同上Ⅰ、二〇一五年一部改正）、地縁団体が他と横並びできるよう「行政組織の一部」になるわけではないと法定されている（同上Ⅵ）。

したがって、「地縁団体」である町会自治会が、自治体から広報紙配布・各種調査やごみ集団収集・公園清掃などを受託して事務委託費をもらっていることは、あくまで地域住民協働の一場面と心得なくてはならない。

現に地域住民協働としては、学校ＰＴＡとその地域連合が、通学路の安全確保やいじめ対策に協働することも、大いに目立っている。

「新しい公共」を成すＮＰＯ住民

一九九五年の阪神淡路大震災直後に、ボランティア・ＮＰＯの救援活動が社会的にクローズアップされた。

まずは〝市民公益活動〟のボランティアと団体が登場、それが非営利団体というＮＰＯの名称につながり、九八年の特定非営利活動促進法（ＮＰＯ法）を生み出した。

ところが、非営利自主活動の公共貢献に公費助成がなされるほどに、有償ボランティアが増えてきた。

そもそも欧米とちがって日本社会では、「寄付」という私的資金が伝統的に少ないので、ボランティアもＮＰＯも活動資金がぜひ必要なほどに公的資金に頼りがちになる。

ＮＰＯの〝非営利〟性は、文字通り収益目的でなく公的助成下に〝公益〟活動を主目的とする意味合いとも理解できよう。

現にＮＰＯも、地域雇用対策等の行政受託事業で委託費を受けるほどに、有償のコミュニティビジネスの主体性を示してきている（介護、保育、環境ビジネスなど）。そこに二〇〇六年の一般社団・財団法人法（略称）で法人化も容易になっている。


つぎに、二〇〇二年の産業構造審議会ＮＰＯ部会の報告で「新しい公益の担い手」と称されたＮＰＯは、ますます行政協働体らしさを増し、〇九年「公共サービス基本法」をへて、一〇年民主党政府の閣議に基づく「新しい公共」宣言によって、「共助の精神で活動する新しい公共」を支援するとして、ＮＰＯその他の「地域諸団体」が地元企業とともに地域雇用創出に任ずるものとされた。

その後ますます「新しい公共」は、NPOを含む地域協働体としてコミュニティビジネスに携っており、〝地域自治法〟の重要局面を担っていると言えよう（以上につき参考、今瀬政司『地域主権時代の新しい公共』学芸出版社、二〇一一年、六二頁以下・一八七頁以下・二二四～七頁・二三四～七頁等）。

そうした中でNPOは、地縁団体の地区包括的活動と比べて、それぞれ保健・福祉・子ども・文化・環境・防災といった専門分野別の活動主体であることで特色を発揮し、地域自治を多様にする貢献をしていると認められる（わけても都計法二一の二IIは、NPOに都市計画提案権を保障している）。

NPMとよばれる事業者住民の協働

さて、自治体行政と民間営利企業との関係というと、伝統的に公共工事の請負契約が入札手続に乗る形で進んできた。

その入札制度改革として、二〇〇〇年の入札契約適性化法（略称）および〇五年の公共工事品質確保法（略称）が一四年に同時改正されたことが、知られる。

それに加え二〇〇〇年代にかけては、自治体行政アウトソーシングの民間委託先に、NPOをこえて営利事業者が「公共施設」の分野で大きく参入してくるにいたった。

その法律根拠が一九九八年のいわゆるPFI法（「民間資金等の活用による公共施設等の整備等の促進に関する法律」）にはじまり、二〇〇三年施設「指定管理」への自治法改正をへて、〇六年公共サービス手続改革法（「競争の導入による公共サービスの改革に関する法律」）と〇九年公共サービス基本法へと進んできた。

すでに首長の自治方針にも、NPM（新公共経営）やPPP（公私パートナーシップ）とよばれる事業者協働重視策が打ち出されてもおり、地方独立行政法人や三セクのほかに、事業者住民協働が地域自治の多制度づくりに広く深くかかわるようになっている。

公の施設の公設民営化である「指定管理」では、行政処分による「指定管理者」に、福祉・医療法人、体育協会やNPOなどのほか営利企業法人も法律上可とされ（自治法二四四の二Ⅲ）、現にスポーツ・レクリエーション、観光施設、市民・文化会館や公園・駐車場などに営利企業が参入している（前掲『変革期の地方自治法』一八六頁以下、参考）。

それに対して、PFI法の二〇一一年改正に基づく「公共施設」整備運営への事業者協働が、多制度的であるので注目に値しよう。

民間資金活用のＰＦＩによって、大規模設備の建設とメンテナンスに経営ノウハウを持つ民間企業が、公的管理法制の特例となる形で、公営住宅・道路・上下水道・地方空港などの整備・運営に参入している。

多制度の地域自治法制としては、施設等を整備する〝サービス購入型ＰＦＩ〟では、総合評価一般競争入札によるが、「利用料金」収入で整備費投下を含めて回収するという〝独立採算型ＰＦＩ〟が、公募提案を評価しての事前コンセッションである「施設運営実施契約」としていろいろに結ばれる（改正ＰＦＩ法八・一〇Ｉ・二二Ｉ・二三）。

このコンセッション契約方式では、自治体公有の施設について議会議決に基づき（同法一九Ⅵ）、運営と維持管理を独立採算で事業経営するが（二Ⅵ）、物権とみなされる「公共施設運営権」（一六・二四・二五）を活用して資金調達でき、経営リスクに陥らないよう行政監督がなされる（二八）。

老朽施設等の管理と自治体財政が困難な実情にあるとき、民間企業の経営ノウハウを、公共施設管理に生かそうとするＰＦＩは、法改正後のコンセッション契約方式がいぜん流動的であるだけ、〝地域自治法〟上の長期的な事業者住民協働として大いに注目されてよいであろう（以上につき、日本政策投資銀行チーム編著『改正ＰＦＩ法解説』東洋経済新報社、二〇一一年、参考）。

4 住民につながる自治体議会

「議会基本条例」が示す住民に〝開かれた議会〟

自治体の議会は、憲法九三条の二元代表制の一翼として住民代表機関であるが、主権者住民から地域自治の政策決定をいわゆる間接代表民主制で任されている。

しかし今日の自治体にあっては、前述した諮問住民投票などの直接民主制の住民協働を議会条例で認めていることもあって、議会も住民協働を軸にした〝地域協治〟の中に位置づけられて、住民に直接開かれた仕組みを用意しなければならない。

「議会基本条例」はまさに、そうした議会改革を目ざし、委員会条例や会議規則を超えて近時につくられてきた。

二〇〇六年北海道栗山町にはじまった「議会基本条例」は、住民に開かれる議会の多制度改革を定めてきて、一五年には七〇一自治体に及んだと報ぜられた（朝日新聞一六年一月一〇日記事）。

さきの自治基本条例にも議会の定めは含まれるが、議会基本条例は議員提案が当然多く、時に制定過程で両条例の間柄が論議になったようだ。

（1）議会基本条例での定められ方

自治法による全国一律の議会関係条項が、近時の改正でかなり緩和された下で、議会基本条例は各自治体の自主法規として、現役議員構成の如何にかかわらない定めをしていることになる。

栗山町条例が全国モデルになったことは明らかだが、それだけに多制度の定めには地域要求が現われているであろう。

①　議会と議員の「活動原則」

地域政策提案と行政監視のほか、「住民参画しやすい開かれた議会運営」が書かれる（三重県など）。

議員・会派に関しては、「責務」として、主体的な調査研究と討議が記される（同上）。

②　住民に開く議会運営（後掲（2）にゆずる）

③　議員活動

「研修」の強化のほか、のちの項目で論ずる「政務活動費」とその透明性・情報公開が必ず挙げられる。

④　議会の議決事項を追加する

自治法（九六Ⅱ）に基づき、追加的な重要議決事項として、総合計画・都市計画マスタープラン・高齢者保健福祉計画、主要民事契約、災害協定などを書く（栗山町など）。

⑤　議会の政策法務を意識した定め

住民の請願・陳情を受けとめる議員条例提案（栗山町など）、および関連する議会事務局の組織・働きの拡充（同上）を記す。

（2）議会の活動を住民に開く多制度

議員選挙を通ずる代表議会も、自治体にあっては、有権者や地域住民が直接参加できる場でなくてはならない（国会とは全くちがう）。

住民が議会活動に働きかけるルートとして、条例づくり・議会解散「直接請求」と「請願・陳情」があるが、それは住民サイドの法定の仕組みにほかならない。

それに対し、近時の自治法改正による議会制度の変更ともつながって、議会の改革努力による住民参加の多制度化が目立つところとなっている。

①　議会審議の場を住民に公開するのには、インターネット中継も有力になっているが、やはりライブの会議「傍聴」が、住民監視の重要場面であり、近時改めてその多制度状況が、議

会審議の多様化とつながっている。

二〇一二年自治法改正によって根拠づけられ、条例化する市町村が増えている「通年会期」制（一〇二の二Ⅰ、後述）は、ほんらいは「幅広い住民が議員として活動できるように」との考え方に出でたのだったが（総務省・二〇一〇年自治法改正の考え方）、結果的には、住民監視のチャンスを身近に広げる定例会・定期常任委員会等の多制度実態をもたらしている。

また、委員会・本会議における「参考人」（一一五の二Ⅱ、一〇九Ⅴ）に利害関係者をよぶことは、ますます住民協働の多元的な場となっていよう。
② さらに、議会基本条例で着目される定めとして、議会報告会を地域出張でも行なうことや、いろいろな地域住民と意見交換する場を設けること（住民懇談会）、および「議会モニター」の依頼などがある（栗山町など）。
なお、二〇〇六年自治法改正で、議会から学識経験者等への専門調査依頼が根拠づけられたが（一〇〇の二）、それに関連して住民委員が参加する〝附属機関〟を議会に設ける動きも生じている（三重県条例）。

議会事務局の政策法務的はたらき

二〇〇六年の自治法改正で、議会事務局の働きがそれまでの「庶務」をこえた議会「事務」の全体だと規定された（一三八Ⅶ）。

それによって、議会事務局が議員活動をサポートする法務も根拠づけられ、それだけ議会の「政策法務」にとって事務局の働きが増したと言えよう。

むしろ今後とも難題は、市町村議会事務局の職員人事体制の整備であって、首長部局からの転任・出向や併任を含めてでも人材配備がぜひ必要である（二〇一一年法改正で議会事務局の共同設置も可とされる。二五二の七Ⅲ）。

（1）条例議員提案の事務局サポート

議員が立案・提出する条例づくりは、地域自治議会の本来的働きのはずであり、審議に際して議員間の討論が必須となることで、議会の活性化につながると期待される。

議会の政策法務としては、住民からの請願・陳情を積極的に受けとめ、とくに採択請願を生かす関係条例の議員提案が望ましく、近時増えつつあるようだ。

しかしその際に、議会事務局による法務サポートが肝要で、がんらい条例立案は議員の政策活動であるため、その法務サポートは〝議会の政策法務〟らしさを示す。

自治体の条例制定権が「自治事務」に限られず「法定受託事務」にも広がり（二〇一一年改正九六Ⅱ）、議員条例提案の合法解釈のだいじさも増している。

(2) 議会政策法務の事務局サポート

右に加えて、事務局職員が議会の政策法務を補助する働きも多種目にわたっていよう。議員からの立法相談に応ずる情報提供と法務アドバイスは、理念条例でない制度条例づくりにあっては、法制度設計のノウハウを踏まえた地域政策的仕組みえらびに深くかかわろう。条例請求を考える住民からの相談への対応もここに重なろう。

また、「議会モニター」制に事務局のアレンジが必要なのはもとよりである。

こうした議会の政策法務に関しては、議員と事務局職員の研修の計画的実施が重んじられなければならず、議会「図書室」の有用な図書資料整備もここにかかわる。

なお、つぎに論ずる会派・議員の「政務活動費」の情報公開的な実務執行は、今や事務局のメジャーな働きにちがいない。

「政務活動費」に対する住民監視

かねて自治法は二〇〇〇年改正で、「会派又は議員」に「調査研究」のための「政務調査費」を交付すると規定した。

しかしその支出実態には不適正を疑われるものが多く、「住民監査請求」に続く「住民訴訟」において、「調査研究」の使途範囲を逸脱している等で返還を命じられた例が早くに数十件にのぼっていた（一部後述）。

ところが二〇一二年の自治法改正時の議員提案修正によって、「議員の調査研究その他の活動に資するための経費の一部として」「政務活動費」を交付できることとされた（一〇〇XIV前段）。

〝政務活動〟の範囲を問う仕組みに変ったわけだが、議長が収支報告書を提出させて「使途の透明性の確保に努めるもの」とされ（一〇〇XV・XVI）、「交付の対象、額及び交付の方法並びに……経費の範囲は、条例で定めなければならない」と規定されている（一〇〇XIV後段）。

そこで、この「政務活動費」（〝政活費〟）の使い途や報告書類については、交付条例の自治的定め方が注目され、とくに使途の流動性にからんで問題はらみの現実が新聞に報ぜられている。

（1）〝政活費〟の使途と領収書をめぐる多制度

政務活動費の使途に関する公的解説によると、補助金要請や陳情活動の旅費等、住民相談・意見交換会費、会派会議費などと解され、「政治資金」によるべき議員の政党・選挙・後援会活動の費用には充てられない（寺田雅一「政務活動費の交付に関する条例の制定状況に関する調査結果について」地方自治二〇一三年九月号七八頁以下、参照）。

都道府県議員の〝政活費〟全国調査の早い新聞発表によると（朝日新聞二〇一四年八月二四日・一五年三月一三日記事）、領収書類に照らして、政治資金との二重支出や事務所費の私的逸脱をも含めて、上記の使途区分に沿わない実態が多様に見出された。

右の私的流用にいたっては、政活費が議員の〝生活費〟的な〝第二報酬〟と誤解されていないかといった低次元の話になっては困る。それだけに後述する領収書類の公表問題が肝要と思えるが、すでに使途をめぐって次の指摘が出されている。

政党・選挙活動は各議員の私的団体活動なのに対し、〝政務活動〟は自治体に還元される公的貢献のはずで、政務「調査研究」がやはりコアとして目安になり続けよう。

具体的な観点でいうと、住民に対する〝広聴〟活動費は政務調査に類するが、〝広報〟活動費は多く宣伝的政治活動の方にわたろう。かねて、会議費・宿泊費、タクシー代、事務所費や海外視察費・学会等研修費は、内訳整理の必要があった（廣地毅「政務活動費の法的性質に関す

る一考察（一・二）」自治研究二〇一三年四月・五月号、参考）。

政活費の使途範囲が流動的なだけ、支出報告システムが大事なのだが、新聞報道によると次のようである（朝日二〇一三年三月一日・一七日、七月二一日記事）。

① 収支報告書に領収書を添付させる条例は、今やほとんどの自治体にわたっている。

② 領収書をインターネット公表する一部の議会が増えつつあるが、その他は住民の情報公開請求に依る。

③ 有識者第三者機関による個別使途審査制も生じ出している（以上につきなお参考、江口哲郎「政務活動費制度について」地方自治八三三号・二〇一七年四月号一四頁以下）。

（2）政務調査費支出に関する「住民訴訟」判例のポイント

政務活動費（政活費）の住民訴訟の動向は今後のテーマであって、これまでに政務調査費（政調費）の「調査研究」使途に関する判例ポイントが、つぎのように残されてきたことが参考になろう。

① 最高裁第二小法廷決定（平二六・一〇・二九判例時報二二四七号三頁）――政調費領収書類・文書提出命令事件

県議会会派の広報誌発行費を是とし飲食費の「社会通念上」必要でない目的外支出を認めた

ほか、条例施行規程での領収書・会計帳簿の書類提出・保存義務は、「調査研究活動の自由をある程度犠牲にしても、政務調査費の使途の透明性の確保を優先させるという政策判断がされた結果と見るべき」ゆえ、民訴法上の「自己利用文書」には当らず、文書提出命令の対象となる。

② 最高裁第二小法廷判決（平二五・一・二五判例時報二一八二号四四頁）――議員住民訴訟印紙代支出・返還命令取消請求事件

住民訴訟を起こした県議会議員の控訴印紙代等の支出は、原則として政調費の使途基準である調査研究費に適合しえないが、入手文書が議会質疑や広報活動の資料に供された限りでは右の使途基準に部分的に該当するとみる余地がある。

③ 最高裁第三小法廷判決（平二二・二・二三判例時報二〇七四号六九頁）――会派政調費支出事件

条例施行規則で会派の調査研究に限定している政調費の議員支出でも、会派の代表者・経理責任者に文書提出して承認を得ていれば、「会派が行う」調査研究の使途要件は満たされる。

右判例のうち、実質的に〝政務活動〟費用の範囲を判断している部分は、今後の住民訴訟における先例価値をも有しているであろう。

5 地域協治における公選首長と自治体職員

地域ガバナンスを表わす首長と議会のあいだ

国と異なる自治体の二元代表制が、議会と首長の住民直接選挙の対抗関係であることは、周知のとおり憲法九三条が明記している。

その公選代表両機関の間がらについて、地方自治法（自治法）がかなり規律しているのだがなおかつ、かねて多かった地方政治における対立関係を反映して、公選首長の議会に対する対立的な制度運用が目立っていた。

ここは日本の〝地域自治法〟にあっても、その多制度状況をいかに評価するかが最大級の問題の一つと見える。

結論を先に言えば、自治法の一律的規制で解決できるところでは全くなく、〝住民協働自治〟を軸にした〝地域協治〟の中で筋立てられていくべきであろう。それこそが、憲法九二条「地方自治の本旨」の中に、「住民自治」原理と九三条の公選二元代表制とが含まれていることに沿うからである。

以下に、首長・議会間の主だった多制度問題を検討するが、その前に一点述べておきたい。首長不信任議決に対する首長の議会解散権（自治法一七八）の法定だけははっきりしており、ただそれを避ける議会側の辞職勧告議決や自主解散の可能性がこれまでに話題的であった。

（1）「通年会期」議会に対する首長の「専決処分」問題

首長による議決事項の「専決処分」は、かねて議会招集の「時間的余裕がない」明らかな緊急事件（自治法一七九Ⅰ）だと称して、補正予算や給与等条例などについてかなり行なわれ、その違法性が「住民訴訟」で争われていた（二〇一二年法改正一七九Ⅳで、議会の事後不承認に際しての首長の必要措置義務が定められた）。

そこで、今後大いに問題になりうるのは、首長招集を要しない「通年会期」制における専決処分の限定的あり方である。

たしかに通年会期制にあっては右の「緊急」事件の範囲は限られると考えられ、専決処分はむしろ、大災害時に議会が「議決をしないとき」（一七九Ⅰ）の適用等になるものとの解釈が示されている（吉田幸司「通年議会においてどのような場合に専決処分が可能か」自治実務セミナー二〇一二年八月号一四～五頁、参考）。

もっとも、そもそも委任議決に基づく専決処分（一八〇）の活用は別の話である。

（2）議会の再議議決と首長からの審査申立て

議会議決に対抗する公選首長の立場として、自治法上「再議請求権」が一般的に認められている（一七六Ⅰ。二〇一二年改正で従前の条例・予算議決に限られず一般保障されている）。

それに対して、議会の再議決が同一になされると確定するが（一七六Ⅱ。条例・予算の場合のみ三分の二以上の票決、同上Ⅲ）、もし違法議決への再議に対する再議決が違法だという場合には、首長の方から「審査申立て」ができ、総務大臣または都道府県知事が「裁定」することになる（一七六Ⅳ～Ⅵ。そのあと首長または議会から機関訴訟もできる。同上Ⅶ・Ⅷ）。

その審査裁定に多制度的な決着が示される例があり、そうした首長・議会間の再議紛争は芳しくはないが、目立つ一例を検討してみよう。

二〇一一年に愛知県知事が、名古屋市長が市議会の再議決に審査を申し立てたのに対する「審査裁定」（平二三・一・一四）をしたのは、つぎの案件だった（類似二件のうち一件を取り上げる）。

二〇一〇年九月、名古屋市議会が市長提案の「中期戦略ビジョン」をかなり修正する議決をしたのに対し、市長が再議請求をし、議会が同一の再議決をした。

知事裁定は、自治紛争処理委員の報告書に基づくもので、再議議決は条例で「議会権限を付与した趣旨を逸脱する」とまでは認められないと、市長の議決取消し申立てを棄却する結論になった。

そもそも本件の戦略ビジョンは、市の総合計画として市長に専属の提案権があり、自治法九六条二項の議決事項追加条例によって議会議決にかからしめられたもの故、施策の基本的方向性や具体事業執行を拘束的に変えるほどの修正議決までは認められないということが、裁定の理由であった。

その際に、議会と首長の競合的権限行使にあっては、互譲と意見調整の責務が付言されており、そこに地域自治法における大事なポイントが示されているであろう（以上につき、斎藤誠「名古屋市議会の再議議決に係る市長の審査申立てに対する愛知県知事の裁定」自治研究二〇一一年六月号一二二頁以下、参考）。

首長多選制限条例をどう位置づけるか

これは、首長公選制自体にかかわる地域自治法問題である。

早く二〇〇三年の杉並区・川崎市条例いらい、三期一二年をこえる〝多選〟の〝自粛〟条例（四期目の立候補を自粛する責務規定）がかなりつくられた。

これに対し〇七年の神奈川県「知事の在任の期数に関する条例」は、連続四期以上の多選を禁ずる初めての多選〝禁止〟条例となったが（「三期を超えて在任することができない」）、施行には法律改正を待つとの附則をつけていた。

それに先き立つ総務省の「首長の多選問題に関する調査研究会報告書」（〇七年五月）では、多選禁止も憲法違反ではないが、原則として法律の根拠を必要とするという見解を発表している。

この点、筆者の地域自治法的考え方はこうである。

たしかに首長の多選禁止条例による被選挙権制限も、合理的理由に基づけば合憲と解されるが、多選の是非は各首長選挙において有権者住民が判断するのが最も相応しい地域自治テーマだろう。

なるほど「任期四年」（自治法一四〇Ⅰ）は、全国一律たるべき法律事項だが、各首長の在任年数である〝多選〟の如何となると地域自治的な多制度であってよいと解される。したがって多選の禁止も自主条例によって自治議決されうるはずだ。

いわゆる〝多選の弊害〟としては、選挙支持基盤の強化と議会の与党化による首長選の無風化と低投票率、職員人事の固定傾向、地域経済との密着に伴なう不祥事の原因性などが言われていた。

しかし、そうした状況と多選結果とはいずれも可能性にすぎず、他方で多選のメリットもつぎのごとくありうる。

長期計画行政の実現をはじめ首長の地域ガバナビリティーに対する住民の継続的信頼がそれで、多選を制限する必要があるかどうかは、上記の〝弊害〟可能性と比較して住民が各選挙の際に地域自治的に判断してよいのではないか。

したがって、首長の多選を禁止ないし制限する自主条例をつくるかどうかも、地域自治体がその〝協治〟表現として決すべき事柄と考えられる。

つまり首長の連続在任年数の長さは一国多制度であってよく、その制限を国の法律でなければ根拠付けられないとするのは、地域自治法としては容易に認めがたいと言わなければならない。

公選首長による地域ガバナンスの総合的責任

二〇〇六年の自治法改正で、伝統的だった出納長・助役・収入役を廃して、副知事・副市町村長を配する、公選首長中心のトップマネジメント体制が法定された（二八次地制調査申に基づく）。

しかしこれは決して、公選首長に地域自治の単独責任を委ねる趣旨ではない。

今世紀の地域自治法制下にあっては、首長は実に多方面からのインパクトを総合的に受けとめていく〝地域協治〟の多制度的責任を負っていることを、ここで改めて整理しよう。首長の各期選挙では、そうした地域協治の総合責任がリアルに確かめられるので、近時首長候補のマニフェストが責任条件を成しつつあることが知られている。

(1) 首長が多制度に責任を負う仕組み

① 公選首長が公選議会と協働して地域自治責任を果す場面については、すでに詳しく見た。単独被選挙で執行権をもつ首長が、議員集団選挙の議会の間接民主責任を果させつつ協働することが、まさに二元代表制の憲法保障を多元的に実現するのにほかならない。

② 住民協働が、すでに詳論したとおり、住民投票や利益代表制審議会さらには教育委員会行政との関係などを含めて、地域協治を多制度に実現していくことに、首長はあとで論ずる有意の職員とともに協働しなければならない。現に住民不信を強く買う首長にはリコール解職もありうるのだ。

③ 首長が財務会計の責任者であることは地域自治法制の一特色であり、それに連なる象徴が、「住民監査請求・住民訴訟」であることは今日では公知だろう（前掲『変革期の地方自治法』一五〇頁以下、参考）。

二〇〇六年自治法改正による出納長・収入役に代る「会計管理者」制（一六八）は、逆に首長の財務会計責任体制を明確にしたと言えよう。もっとも、会計管理者にはいぜん首長支出命令の審査権が法定され（二三二の四Ⅱ）、会計職員の内部独立の仕組みは厳存している。

右に加えて、二〇一七年度における自治法改正で、「監査委員」制の強化が図られる。すなわち、首長に対する不適切支出・会計処理の改善勧告権、議員委員の改廃余地と「監査専門委員」の任命、など。

④　首長以下が違法行政を防止する責任を有することは、施設管理・事業規制等にかかる行政訴訟や施設事故等に基づく国家賠償訴訟で敗訴しないようにし、訟務にも大いに努めるべきところに現われる。

司法国家では、自治体が勝訴することが〝合法行政〟の証しであるが、地域自治法制の今日にあっては、政策法務によって多分に勝訴範囲が多制度的に動くようになっていると見られる。そうした〝政策訟務〟として、首長の政策的リーダーシップの下、すでに述べたとおり職員「指定代理人」の働きが大きくなっている。

(2)　首長が総合する地域ガバナンス

このように、今日の公選首長は、自治体組織の内外を通じて、多様な地域自治協働者たちとの協働による〝地域協治〟に、総合的な責任を果す立場に置かれている。

ここには、国の首相や各省庁大臣が省庁縦割りをなかなか乗り切れないでいた状況を超えた、〝地域自治法制の総合性〟が象徴されていよう。

しかもこうしたことは、今日の自治体政治学・行政学によって、「地方政府」である自治体における〝地域ガバナンス〟（ローカル・ガバナンス）、それに応える公選首長の地域協治能力（ローカル・ガバナビリティー）の必要性として、有力に理論化されていると知られる。

〝ガバナンス〟とは、民間企業のコーポレイト・ガバナンスと同じく、多元的な利害関係者（ステイクホルダー）の協働を受けとめる〝社会的責任〟（ＣＳＲ）の体制だと捉えられ、〝地域ガバナンス〟とはその地方自治版だとされうる。

これは、筆者の理解する〝地域自治法〟にとって主軸となる観点と一致し、公選代表である首長と議会が住民協働をベースに〝地域ガバナンス〟を生かす多制度づくりをしていく姿こそが、地域自治法制の公的一角を成すべきなのである（以上につき、真山達志編著『ローカル・ガバメント論』ミネルヴァ書房、二〇一二年初刷七八・一四一・一四八頁等、参考）。

協治首長の下にいる自治体職員の協働責任

これまでの論議から、公選首長の下で地域自治の多制度づくりに日常実務的に携わる自治体職員の働きと責任のだいじさは、すでに明らかだが、ここで結論的にまとめておきたい。住民協働を受けとめて〝協治〟責任を分担する自治体職員には、今日〝協働職員〟としての自覚と能力発揮が多方面に求められている。

(1) 協働住民と接する協働職員

自治体の〝協働住民〟は当然、各課係における窓口職員や諸会議の事務局職員と、日常的に接し交流することになる。

その際に〝協働職員〟とよべるのは、首長の協治方針の下、可能なかぎり主体的に工夫・調整判断をする責務を負うからだろう。それが結果として地域自治の多制度的実現につながる。もっとも近時では、すでに述べた行政のアウトソーシングで、公的施設・事業を民間企業が多く担当しているので、そういう〝協働事業者〟(協働住民に含まれる事業者)と利用者住民とを媒介していく職員の働きが実際にかなり難しい。職員の〝協治〟意識がそこでこそ試されるであろう。

たとえば、業務受託事業者のプロポーザル・提案書の情報公開を、公募要領の様式を含めて実現していく工夫が問われつつある。

(2) 職員に求められる「政策法務」責任

行政各課で立案に取りくむ地域自治「条例」に関しては、パブコメや住民参画審議会・懇談会の事務局実務が普通で、議会事務局ともども、全庁職員の「政策法務」的任務が重い。さきに挙げた〝要綱の告示化〟には、住民に日常接する沢山の〝要綱行政〟を透明・公正にする手だてとして取りくんでほしい。

がんらい政策法務は、地域政策要求に応える多制度の自治法制づくりを法務的に裏づける働きなので、各原課での創意工夫と法務責任とがダイナミックにつながることが期待されるのだが、そこにしっかりした争訟対応の準備もなくてはならない。

二〇一四年の行政不服審査法（行服法）の既述の全面改正でもたらされた「審理員」と「行政不服審査会」（行服審）の前での第三者的審理手続をクリアーできる、合法・正当な地域行政措置でなければならない。

もとより、先述の政策訟務を担う「指定代理人」職員を主に、合法行政の訴訟的実現を図る責任がある。

それ以上に実は、自治体行政にかかわる「行政法」と諸〝特殊法〟（前述）をベースに、〝地域自治法〟という新しい〝自治体法〟の捉え方を、大いに研修テーマにしてほしいと思う。

(3) 〝協働能力〟を養う職員「研修」

〝協働職員〟は前述した主体的職務能力を身につける必要があり、そのためには、各職場での現職研修や職員研修所等での合同研修、さらには〝自主研修〟が多様に求められる。

そして、地域自治を主体的に実行していく政策形成・行政職務能力はもとより、〝政策法務能力〟を養うには、研修手法の企画・開発がだいじである。

「政策法務」研修としてすでに多く行なわれている手法は、〝ワークショップ演習〟で新種条例モデルづくりや自治条例の執行評価をすること、地域自治政策に関連させたグループ判例研究、などだ。

講師の講義形式も肝要なのだが、必ず質問ラウンドを用意し、その際質問を考えるグループ討議をそれに前置するのがよい。

とはいえ、〝地域自治法〟にあっても「法務」研修が低次元ではだめで、地方自治法・地方公務員法・地方税法などの実定法律を「政策法務」的に読みとる素材研修も必要にちがいない。

なお、職員の協働行政能力の養成に、住民コミュニケイションの言葉づかい（適切謝罪の表現法をも含む）や話法の研修が重んじられてよいであろう。

そのくらいなので、住民を職員研修に参加してもらう〝協働研修〟は、ほんらい重要なジャンルにちがいないのだが、住民と職員では個人発言する立場が異なり、その企画・運営には十分な注意が必要なのも確かである。

(4) 職員組合による地域協治参加も

かねて、地方公務員法上の「職員団体」である自治体職員組合づくりとその「団体交渉」とは、憲法二八条で保障された「労働基本権」運動として歴史を重ねてきた（拙著『地方公務員法』北樹出版、二〇〇六年、一五～七頁・三二～三頁・一二四頁以下、参考）。

しかし今日の地域ガバナンス時代には、職員組合は地域協治に参画する地域住民団体の一種としての自覚をも持つべきであろう。その場合には、組合員職員も居住地域では生活労働者住民にほかならないというベースが生かされてよいと思われる（職組が行政担当者の団体だという位置づけに加えて）。

いずれにしても、こうした職員組合を通して職員の方がたには、〝地域自治法〟への公務員労働者的な感覚をもみがいていただきたいものである（拙著『自治体行政法入門』北樹出版、二〇〇八年改訂版六七頁以下、参考）。

むすび――地域自治法らしいキーワードたち

この本で取りあげた〝地域自治法〟ないし自治体法は、いわゆる実定法律である「地方自治法」等の条文に明記された仕組みを超えて、現行法のあるべき方向性と改革点とを、「地域」自治と〝一国多制度〟を軸にして捉えた新味のある地方自治法制像にほかならない。「地方税法」にかかわる自治税財政法論を加え、かなりの長期スパンにわたる変革立法論をも含むのだが、けっして夢物語ではなく、地方自治法における「地域」自治規定をベースに、自治体の内外にわたる〝地域自治法〟の一国多制度的な進展の道筋を、筆者の最終所見として論じさせていただいた。

そうした〝地域自治法〟には、新味のあるキーワードたちが目立つことは、本書を読み通された皆さま方には先刻お分りであろう。

そこでこの本の終りに、〝地域自治法〟らしいキーワードを改めて整理しておきたいと思う。

①「地方」自治から「地域」自治へ

——「地方公共団体」から〝自治体〟〝地域自治体〟へ、〝地域自治法〟・自治体法、自治体法学・地域自治法学、自治体行政法・〝地域行政法〟・自治体特殊法

②〝一国多制度〟（全国的視野・広域比較）

——「特区」より〝自主条例〟の多制度、地域自治立法・「告示」要綱、〝自主解釈権〟・法解釈自治権、地域自治執行・計画裁量・地域政策裁量権、政策法務・政策訟務

③〝地域自治体〟の多制度

——「地域」の広狭・大中小、課税自治権、地域自治税・「地方共同税」・広域応益税・水平財調

④〝基礎自治〟と〝広域自治〟、〝都市自治〟の役割分担

——地域自治拠点、〝里まち連携〟

⑤「広域連携」と〝大広域〟連携

——地域おこし、道州をめぐる多制度プロセス、自治体間「協定」

⑥「住民協働」自治

——自治基本条例、「地域住民」、協働住民（生活者・事業者住民）、「新しい公共」、

〝諮問〟住民投票、住民利益代表制審議会、地域行政争訟・自治体〝行服〟

⑦　〝地域ガバナンス・地域協治〟
——公選二元代表の首長・議会の協治関係、首長の地域協治責任、協働職員・政策法務能力

いぜん難しい地域自治法づくりを強く希求しつつ、締めに一句を。

〝地域では　自治をめざして　嵐吹く〟

著者の自治体行政法に関する主要著書・論説

Ⅰ　主要著書（発表順）

○自治体法学［自治体法学全集1］（学陽書房、一九八八年初刷）
○行政法と特殊法の理論（有斐閣、一九八九年初刷）
○行政法学（岩波書店、一九九九年、オンデマンド出版中）
○新　地方自治法［岩波新書］（一九九七年、二〇〇八年15刷）
○情報公開審査会Q＆Aマニュアル（ぎょうせい、二〇〇〇年、一一年新版）
○自治体・住民の法律入門［岩波新書］（二〇〇一年、〇四年5刷）
○行政書士法コンメンタール（北樹出版、二〇〇四年、一七年新八版）
○地方公務員法（北樹出版、二〇〇六年）
○自治体行政法入門（北樹出版、二〇〇六年、〇八年改訂版）
○地方自治ことばの基礎知識（ぎょうせい、二〇一〇年初刷）
○変革期の地方自治法［岩波新書］（二〇一二年）
○政策法務の新しい実務Q＆A（第一法規、二〇一七年）

Ⅱ　主要論説（発表順）

○「新地方自治法における解釈問題」ジュリスト二〇〇〇年七月一日号、四〇～八頁
○「住民投票の可能性――行政法上の問題点」［二〇〇一年日本自治学会総会・研究報告］前掲書『地方自治ことばの基礎知識』一六四～七三頁
○「地方自治と私」［二〇〇二年日本地方自治学会総会・記念講演］同右書一一二～三〇頁、同上学会編『自治制度の再編戦略』敬文堂、二〇〇三年、三～二〇頁
○「自治体オンブズマンの任務とその問題点――川崎市市民オンブズマンの実績をふまえて」前掲書『地方自治ことば（略称）』一三一～四四頁、全相協（行政相談委員全国団体）『行政苦情救済&オンブズマン』二〇〇三年VOL11、三六～四五頁
○「自治体実務行政法学を提唱する（一・二完）」自治研究二〇一〇年二月号・三月号
○「政策法務とは何か」「自治立法と住民」『シリーズ自治体政策法務講座1　総論・立法法務』ぎょうせい、二〇一三年
○「基礎自治体の広域連携について」自治研究二〇一四年一月号
○「地方税の応益税的本質について」税二〇一五年一月号
○「地方自治体制の確立をめざして」［地方自治総合研究所設立40周年記念講演録］自治総研二〇一五年五月号
○「地域自治による〝一国多制度〟（一・二完）」自治研究二〇一五年一〇月号・一一月号
○「自治実務を生かす法を学ぶこと」自治実務セミナー二〇一五年一一月号二～四頁、前掲書『政

策法務の新しい実務G&A』一三〇～四頁

○「私の法解釈方法論について――自治体法の条理解釈を主として（一・二完）」自治研究二〇一六年九月号・一〇月号

○「情報不服審査会に対する行政不服審査法「読み替え」条項の適用問題」自治研究二〇一七年一月号

著者略歴

兼子　仁（かねこ　まさし）

現肩書　東京都立大学名誉教授
1935年　東京生まれ。
1957年　東京大学法学部卒業、助手就任
1960年　東京都立大学講師
1965年　東京大学法学博士（新制論文）
1975年　東京都立大学法学部教授
1994～7年　日本学術会議会員
1998年　東京都立大学定年退職、名誉教授
2001～7年　川崎市市民オンブズマン就任
専　攻　行政法学・自治体法学

地域自治の行政法——地域と住民でつくる自治体法

2017年7月25日　初版第1刷発行

著　者　兼　子　　仁
発行者　木　村　哲　也

・定価はカバーに表示　　印刷　中央印刷／製本　川島製本

発行所　株式会社　北樹出版

〒153-0061　東京都目黒区中目黒1-2-6
電話(03)3715-1525(代表)　FAX(03)5720-1488

ISBN 978-4-7793-0546-7